Amadou N'Golo Coulibaly

La citation selon la situation Tome VII

Amadou N'Golo Coulibaly

La citation selon la situation Tome VII

La citation selon la situation est une compilation de citations thématiques basées sur la réalité sociale

Éditions Vie

Cover image: www.ingimage.com

Publisher:
Éditions Vie
is a trademark of
Dodo Books Indian Ocean Ltd. and OmniScriptum S.R.L publishing group

120 High Road, East Finchley, London, N2 9ED, United Kingdom
Str. Armeneasca 28/1, office 1, Chisinau MD-2012, Republic of Moldova, Europe
Printed at: see last page
ISBN: 978-613-9-59466-5

La citation selon la situation

TOME VII

PRESENTE PAR AMADOU N'GOLO COULIBALY

SOCIO-PHILOSOPHE

AUTEUR : AMADOU N'GOLO COULIBALY

TELEPHONE : +22379186226/+22362719431

Avant-propos

Le présent ouvrage intitulé la citation selon la citation Tome VII est conçu pour répondre au besoin de consolidation de la condition de vie humaine dans la société en s'appuyant fondamentalement sur la compréhension matérielle et immatérielle de l'implication de l'individu dans le temps et l'espace dans le souci de garantir son intérêt vital. La marge de l'adage se compose d'un ensemble thématique de citations reparties selon les différentes circonstances de la vie sociale allant de la connaissance à l'ignorance passant par l'intelligence et l'inintelligence en somme le présent œuvre contribue de façon à ce que la lumière soit faite au mieux sur l'existence humaine tout en dissociant le bien du mal en vue d'apporter à l'individu ce qui lui convient à la différence de ce qui ne l'est pas dans la période comprise entre la vie et la mort nous reconnaissons dans ce sens la dimension philosophique hautement idéologique à laquelle se réfère le contenu du document en question qui est destinée à faire un diagnostic éclairé de l'engagement de l'individu à travers le jugement propre à celui-ci sur la société de même que son fonctionnement en plus d'une détermination plus éclairée de celle de la société ainsi que son impact sur ce dernier dans un troisième lieu la marge de l'adage cherche à situer la place de la réalité entre la perception que nous faisions les uns des autres ; par rapport au processus de recherche d'acquisition de même que de la préservation de nos intérêts dans une dimension contradictoire des idées, de philosophies diverses qui nous animent nous humains de façon évolutive selon les différentes circonstances de la vie. La nécessité d'apporter permanemment une réponse adéquate, précise à la préoccupation dont rencontre l'humain est celle qui traduit également le but que se fixe la marge de l'adage dans une ambition littéraire de pénétrer dans la profondeur des problèmes sociaux qui traduisissent en somme la solution et le problème dans la représentation temporaire et circonstancielle de la philosophie humaine il s'agit de susciter chez l'humain le goût de l'apprentissage de l'autoformation à travers des interrogations détaillées susceptibles de soulever l'appétit intellectuel favorable de même que de la consolider pour promouvoir la réussite de ce dernier. À travers la méthodologie philosophique qu'use la marge de l'adage, le rôle de la connaissance est central par rapport à la dissociation de la productivité de l'improductivité de la pensée humaine dans la société en complicité ou en adversité avec la raison, en se voulant une contribution sérieuse non pas une appréciation sans reproche de l'orientation de la philosophie ambitieuse la marge de l'adage incite toujours à suivre le gage de l'instruction constante pour mieux favoriser la stabilité de l'existence générale en appelant l'ensemble à s'impliquer fortement afin de promouvoir l'équilibre général à grande échelle justement c'est derrière un souci éclairé de l'élargissement du capital intellectuel humain que la marge de l'adage s'engage en termes de contribution généreuse faire comprendre par l'individu que seul le jugement de la raison prime en vue de s'assurer le bonheur existentiel si toutefois il a foi en l'objectivité méthodologique comme la finalité de la réussite lucide de même rappelle toujours l'impérieuse nécessité de s'adonner constamment à la recherche de la connaissance pour l'éternité.

CHAPITRE I

TITRE DE NIVEAU I

L'individu et l'imagination dans la société : La connaissance et l'ignorance, l'intelligence et l'inintelligence, le problème et la solution, le travail et le chômage, la compétence et l'incompétence, la puissance et l'impuissance, la patience et l'impatience, la société et la politique, l'espace la culture et le milieu, le bonheur et le malheur.

TITRE DE NIVEAU II

L'individu et l'imagination dans la société : La paix et la guerre, la vérité et le mensonge, le travail et le chômage, la chance et la malchance, la dépendance et l'indépendance, la lecture et l'écriture.

TABLES DES MATIERES

CHAPITRE I

TITRE DE NIVEAU I

La connaissance et l'ignorance

«La connaissance ne se passe pas de la conscience pour celui qui la pense avec décence même si le bon sens ne se trompe pas sur le non-sens ce n'est nullement pas dit que le bon sens nous trompe cependant : la connaissance de l'inconscience ne veut nullement pas dire que l'inconscience suffisse comme connaissance car la connaissance ne servira en rien en ignorance de l'insuffisance dans la vie» (La connaissance n'assiste utilement pas dans la logique où elle se trouve dans l'impossibilité de se situer sur l'ignorance). «Rien n'égal l'assise de la connaissance dès lors qu'elle ne s'oppose pas à la justice comme assise» (Quand la connaissance ne s'oppose pas à la justice comme assise elle nous assiste utilement). «L'importance de la connaissance s'étend à jamais dans l'existence car sans bon sens il n'y a point de suffisance dans la vie» (Nous situons la suffisance dans la logique du bon sens dans l'existence). «Sans quoi la suffisance n'est pas c'est tout sauf n'importe quoi c'est justement ce qui est droit » (C'est seulement partant du droit que la connaissance s'exprime dans la vie). «La connaissance ne s'infirme nullement pas comme référence» (La référence de la connaissance est juste). «Tout est important et convaincant venant de l'évident car seule la connaissance mène à la suffisance» (Sans précision la raison n'assiste utilement pas). «Le bien de la connaissance relève toujours de la connaissance nous comprenons pourquoi la connaissance se passe de ce fait du concours de l'ignorance dans l'existence» (L'ignorance ne profite nullement pas bien à la connaissance). «On a droit à la connaissance partout où on a droit à la vie car la connaissance éclaire l'existence» (Dans la logique où la connaissance éclaire dans l'existence elle est toujours recommandée dans la vie). «Venant de la connaissance on ne s'attend nullement pas à la nuisance si toutefois nous ne nous instruisons pas en reculons, celui qui apprend comme il le faut apprend contre le faux» (Le bon apprentissage s'oppose à l'ignorance dans l'existence). «Si l'ignorance ne nous arrange pas on n'ignore pas pour s'arranger » (Nous n'ignorons pas pour s'arranger dans la logique où l'ignorance n'arrange pas bien). «Nous apprenons des autres comme ils apprennent de nous la connaissance est un processus interactif qui met en communication différent type de mentalité dans la vie en convergence ou en divergence autour des opinions» (Dans la vie la connaissance demande une interaction active des Hommes partant de l'échange d'idées autour du refus ou de l'adoption de celles-ci). «Dans la connaissance rien ne se fait inconsciemment» (La connaissance ne s'appuie nullement pas sur une assise imprécise). «C'est mal connaitre que de penser que la connaissance ignore» (Quand nous situons la connaissance dans l'ignorance c'est que nous connaissons mal). «A sa présence tout comme à son absence la connaissance suffit comme référence car relevant de l'évidence dans la vie» (La connaissance relève de l'évidence ainsi elle suffit toujours comme référence présente ou absente). «La clarté est sans doute la clé de la connaissance» (La connaissance sincère ne s'oppose pas à la clarté). «C'est seulement éclairée que la connaissance mène à l'ascendance dans l'existence pour l'humain avisé» (L'individu éclairé tient à l'ascendance de la connaissance dans la vie). «C'est toujours clé de connaitre avant d'admettre pour que la connaissance nous serve concrètement elle ne doit pas relever du manquement» (Quand elle nous assiste c'est qu'elle ne relève pas du manquement). «C'est prudent, c'est évident certainement que c'est savant» (L'aspect savant est prudent dans l'état). «La donne de la connaissance c'est la donne de la suffisance car elle raisonne» (La connaissance raisonne dans son orientation). «La connaissance de l'ignorance ne se passe pas par l'ignorance de la connaissance si toutefois l'ignorance ne voit pas clair sur la connaissance le voir autrement c'est se fier au manquement dans son engagement» (L'ignorance relève du manquement dans l'engagement). «Rien ne manque à la connaissance qui s'éclaire sur le manque la connaissance du manque n'est pas le manque de la connaissance même si le manque incite à la connaissance on ne connait rien à partir du manque dans la vie» (Le manque est à connaitre pour ne pas manquer). «Autant la lumière est toujours à l'avantage du connaisseur la connaissance n'est jamais au désavantage du savant » (La connaissance certaine est toujours à l'avantage du connaisseur dans la vie). «Ce qu'il faut pour contenir le défaut c'est justement ce qui n'est pas faux » (Ce qui n'est pas faux c'est ce qu'il faut pour résoudre la lacune). «La négligence de la connaissance c'est la négligence de l'avance dans l'existence pour celui qui a sa conscience» (Quand on a notre conscience la négligence de l'évidence ne nous assiste utilement pas). « Ce que la connaissance admette c'est ce qui est clair » (La netteté c'est la grandeur dans la connaissance de l'individu). «Dans la logique où tout ce qui nous vient n'est pas bien tout ce qui nous vient n'est pas certaine comme connaissance dans l'existence nous comprenons dans ce fait la raison pour laquelle toute connaissance sérieuse s'accompagne d'une ignorance réelle pour l'individu car n'ignorant pas que dans le cadre où on ne peut pas tout connaitre nul ne se dit connaisseur de tout et puis que la connaissance lui serve d'atout : la connaissance partout c'est la connaissance du fou» (La connaissance s'exprime toujours à côté de l'ignorance pour l'humain imparfait n'ignorant pas qu'il ne faut pas tout connaitre pour au moins connaitre quelque chose). «Certes on se ment dans la connaissance mais on ne ment pas à la connaissance de même on se ment en réalité mais on ne ment pas à la réalité nous comprenons de ce fait que rien ne manque ni à l'une et l'autre valeur parlant de la connaissance et de l'évidence vice versa raison pour laquelle nous ne pouvons rien changer de l'ordre réel de la connaissance sans jamais nous retrouver dans l'ignorance toutefois si nous savons dissocier le bien du mal c'est-à-dire ne pas perdre de lucidité lors du jugement dans le souci de se protéger du désagrément» (Nous nous servons avec la connaissance mais nous ne la servons pas au point de la mentir ou pas). «C'est bien connaitre que de connaitre ce qui est à connaitre» (Comme il le faut la connaissance se présente sans défaut). «Rien n'apporte la connaissance qui n'accorde pas sur le bien quel qu'en soit la nature de la connaissance si elle s'oppose à l'évidence c'est qu'elle relève du non-sens» (Ce qu'apporte la connaissance mal pensée c'est ce qui nous assiste mal comme repère). «C'est clé de connaitre si c'est clé d'être maitre» (La connaissance est utile dans la logique où nous songeons à vivre capable). « Non juste la connaissance n'assiste pas» (C'est seulement lucide que la connaissance résiste). «C'est pour l'intérêt de la connaissance que la connaissance ne manque pas d'intérêt une fois concrète» (Une fois concrète la connaissance ne manque pas d'intérêt dans la vie). «Ce que la connaissance ne nous donne pas c'est ce qu'il ne faut pas se donner ce que la connaissance ne nous donne pas c'est ce qui ne colle pas comme donnée» (Ce qui ne colle pas comme donnée est ce qu'on se donne sans raison aucune). «Ce que convient la connaissance n'est jamais à l'encontre du bien du connaisseur» (Le connaisseur profite utilement de la connaissance parce qu'elle le surveille bien). «En tout seule la connaissance suffit comme atout parce qu'elle n'abuse pas du tout on n'appelle pas connaissance ce qui s'appuie sur l'ignorance» (Ce qui vient de l'ignorance ne convient pas comme connaissance dans l'existence). «Ce n'est nullement pas dans la démesure que la connaissance rassure quand on la juge bien» (Quand nous la jugeons bien la connaissance rassure certainement). «Nous ne connaissons pas pour le bien de la connaissance mais plutôt pour le nôtre» (Pour notre bien nous connaissons certainement). «La convenance de l'évidence est pareille à celle de la connaissance car il n'y a pas de connaissance sans évidence vice-versa» (S'il n'y a pas de connaissance sans évidence vice-versa). «Ce qu'impose l'ignorance c'est ce qui repose sur la démence dans l'existence ainsi nous ne profitons nullement pas de l'ignorance sans manquement dans l'engagement, celui qui juge mal pense profiter du mal en somme s'oppose au profit juste dans la vie» (Nous nous profitons au profit juste dans la vie dès lors que nous nous opposons à la connaissance composant avec l'ignorance). «Rien n'est nuisance dans la connaissance qui relève du bien» (Quand la connaissance relève du bien certainement qu'elle s'oppose à la nuisance). «Même si la connaissance est un besoin cependant la connaissance n'a pas de besoin raison pour laquelle aucune connaissance ne manque à la connaissance mère» (La connaissance suprême ne manque pas de connaissance en réalité dans la vie). «Ce que pense la connaissance c'est ce qui se pense pour qu'on avance» (La pensée éclairée est une pensée résolument suffisante). «L'excellence est sujet à la connaissance» (La connaissance détermine l'excellence dans l'existence). «Le vrai connaisseur est un juste baroudeur dans la mesure où il n'y a pas de bénéfice sans sacrifice» (S'il n'y a pas de bénéfice sans sacrifice le connaisseur se sacrifie pour la connaissance). «C'est parce qu'il est évident que tout est important chez le savant» (Le savant tient à la dimension importante de la réalité parce qu'il est évident dans sa manière). «Si ce qu'on pense n'empêche pas qu'on avance c'est qu'il s'appelle de la connaissance» (Seule la connaissance n'empêche pas qu'on avance dans la vie). «La connaissance c'est la compétence pour celui qui ne la situe pas dans le non-sens» (Quand nous la situons bien la connaissance s'oppose au non-sens en réalité). «Si la connaissance ne nous dit rien c'est parce qu'on ne sait rien» (Dans la logique où nous ne savons rien la connaissance ne nous dit certainement rien dans la vie). «Si c'est bien de connaitre c'est que ce n'est pas mal d'admettre» (Là où la connaissance nous assiste c'est que l'ignorance nous abuse). «Si la connaissance est toujours à l'avantage du connaisseur c'est parce qu'il est sage de manière nul doute l'erreur ne profite pas au connaisseur» (Le connaisseur certain s'éloigne de l'erreur comme repère raison pour laquelle il triomphe avec le savoir). «La connaissance ne s'oppose à rien qui le compose c'est certainement pour la bonne cause que la connaissance s'oppose celui qui s'oppose à l'erreur s'oppose pour son bonheur» (En s'opposant à l'erreur nous nous opposons pour notre bonheur à partir d'une cause juste). «La connaissance est chère pour le connaisseur raison pour laquelle il se veut clair la dessus» (Le connaisseur se veut clair par rapport à la connaissance car la connaissance est chère à son appréciation). «On a tout le temps pour connaitre son temps avant la fin de notre temps dans le temps dans la logique où nous apprenons à jamais aussi longtemps que nous vivrons» (Nous apprenons dans la vie aussi longtemps que nous vivons). «La connaissance ne saurait s'expliquer autrement qu'évidemment sans qu'elle ne cause de désagrément voilà pourquoi nullement le déraisonnement ne fait le raisonnement» (La connaissance certaine n'est pas dans le déraisonnement). «Celui qui veut de la connaissance n'en veut pas à l'exigence» (Quand nous voulons de la connaissance certainement que nous n'en voulons pas à l'exigence). «Si le savant est exigent c'est parce que l'évident l'est aussi» (L'exigence est dans la connaissance le savant se veut dans ce cas exigeant de vue). «Le savant n'ignore pas son combat voilà pourquoi il ne se bat pas pour la cause de l'ignorance la connaissance ne sert rien à celui qui se sert sans connaissance aucune de ce fait combattre la connaissance c'est certainement s'abattre dans l'ignorance car non-sens est de penser pouvoir terrasser le bon sens partant de l'inconscience en somme toute progression réalisée dans l'illusion est une régression dans la raison sans qu'on ne le sache forcément dans la vie» (La connaissance détruit toujours l'ignorance non pas le contraire pour celui qui pense bien la réalité).

L'intelligence et l'inintelligence

«Nous ne sommes pas intelligents pour rien mais plutôt pour notre bien » (C'est pour notre bien que nous sommes intelligents). «L'intelligence n'a point de nuisance à moins qu'on ne la méprenne à l'inintelligence, quand l'autre est la différence est certainement nous n'attendons pas du bien ce qu'on attend du mal quand nous nous situons bien sur le bien» (En se situant bien sur le bien nous n'attendons pas du bien ce que nous attendons du mal dans la vie en réalité). «L'intelligence c'est l'avance dans la conscience» (L'intelligence bien pensée ne s'oppose nullement). «Même mal vue l'intelligence procure la suffisance, même mal vue l'intelligence ne manque pas d'appui voilà pourquoi même jugée à tort la raison reste la même» (La raison ne change pas l'intelligence elle aussi même venant d'un jugement à tort). «Une fois précise il est certain que l'intelligence veut tout dire car elle est certaine» (L'intelligence certaine nous appuie utilement dans la logique où elle veut tout dire en réalité en s'appuyant sur la vérité). «C'est parce que ce qui ne vient pas de la vérité n'empêche pas la vérité de venir de même ce qui ne vient pas de l'intelligence n'empêche pas l'intelligence de venir nous comprenons pourquoi l'intelligence arrive toujours à bout de l'inintelligence» (L'intelligence nuit toujours à l'inintelligence dans la vie en réalité). «On ne peut utilement pas bien faire sans intelligence aucune nous comprenons pourquoi au lieu de renforcer la lacune l'intelligence profite à la fortune» (L'intelligence nous assiste bien en valorisant notre condition existentielle plutôt qu'en la dévalorisant). «Dans l'intelligence on peut bien espérer car l'intelligence vient du bien profite par conséquent suffisamment» (L'intelligence profite suffisamment dans la logique où elle est bonne). «Sans quoi il n'ya pas de suffisance c'est tout sauf n'importe quoi c'est sûrement l'évidence l'intelligence dans l'existence» (L'intelligence est la valeur sans laquelle il n'ya pas de suffisance dans l'existence). «Ce que nous donne l'intelligence c'est ce qu'on profite sans crainte aucune car elle s'oppose justement à la lacune dans la vie» (L'intelligence ne s'appuie pas sur la lacune dans la vie). «Si ce n'est pas pour rien que l'intelligence fait du bien c'est parce qu'elle est certaine» (C'est seulement certaine que l'insuffisance assiste positivement dans la vie). «Moins d'évidence, moins d'intelligence, moins d'importance dans l'existence» (Sans intelligence nous vivons certainement la diminution dans la vie). «Tour ce qui se pense à l'encontre du bon sens se pense à l'encontre de l'excellence nuit certainement à l'espérance dans l'existence» (Ce qui ne relève pas du bon sens n'appuie pas l'honneur dans l'existence en réalité). «L'intelligence est évidence dans la gérance car venant de la connaissance» (L'intelligence appuie utilement comme connaissance dans la vie). «Nulle avance ne saurait s'expliquer par l'inintelligence voilà pourquoi nulle avance ne se passera de l'intelligence dans l'existence, bien pensée l'intelligence est sensée par conséquent elle fait avancer» (Une fois précisément pensée l'intelligence fait avancer dans la vie). «Partout où l'intelligence profite bien elle n'a nullement pas de frein» (Le bien de l'intelligence ne va pas l'encontre du bien de l'intelligent). «L'intelligence ne dit rien à celui qui ne sait rien» (Dans l'erreur il n'est cependant pas étonnant que nous dévalorisions l'intelligence). «Le choix de l'intelligent c'est l'intelligence ainsi on n'est pas intelligent sans sa conscience, voilà pourquoi l'intelligence ne s'oppose pas à la suffisance» (L'intelligence demeure le seul choix de l'intelligent qui n'ignore pas ce que l'intelligence signifie). «Plus d'intelligence c'est toujours plus de chance avec plus de sens pour l'existence» (L'intelligence c'est à la fois la chance et le sens dans la vie). «Si l'intelligent ne perd pas de temps c'est parce qu'il n'en consacre pas à la perte la règle vitale de l'intelligence c'est être nette dans la tête puis dans la quête» (Dans l'intelligence seule la netteté est exigence). «Ce n'est nullement pas parce que tout n'est pas intelligent que l'intelligence ne signifie pas tout pour celui qui n'est pas fou dans la logique où comparée à l'inintelligence elle permet de faire la part des choses» (Partant de la capacité de l'intelligence à faire la part des choses nous comprenons certainement qu'elle nous assiste savamment dans la vie). «Rien n'avance dans l'inintelligence aussi longtemps que tout avancera dans l'intelligence car elle n'est pas son égale il faudrait que l'intelligence soit l'égale de l'intelligence pour qu'elle ne signifie plus rien» (L'intelligence est certainement différente de l'inintelligence partant des retombées contraires qui découlent de ses formes de vues). «Ce qu'apporte l'intelligence c'est ce que supporte la conscience dans l'existence» (L'intelligence tient à la conscience dans l'existence). «S'il n'y a pas de menace dans la connaissance c'est qu'il n'y en a pas dans l'intelligence dans la logique où il n'y a point d'intelligence sans connaissance» (L'intelligence n'est pas sans connaissance dans la vie). «L'intelligence c'est la déférence dans la conscience justement la maturité est stabilité pour celui qui la situe bien» (Celui qui situe bien la maturité la situe avec stabilité). «La connaissance certaine est une intelligence saine car pleine dans sa peine : une fois certaine la connaissance n'est pas naine nous comprenons pourquoi vaine elle ne l'est pas» (Une fois certaine la connaissance est pleine dans son orientation). «Moins d'ignorance plus de connaissance riche d'intelligence» (L'intelligence en plus demande de l'inintelligence en moins dans ce cas de maximiser son implication afin qu'on est moins d'ignorance dans la présence qui est la nôtre). «Partout où la connaissance nous assiste l'intelligence nous assiste on a su être intelligent : autre qu'évidence est manquement dans l'intelligence pour celui qui la situe avec conscience» (La connaissance certaine est un appui sincère pour la manière). «L'intelligence c'est la conscience d'abord et la conscience pour toujours» (L'intelligence est une question de recherche permanente de la conscience de l'individu dans la vie). «Là où l'intelligence n'est pas l'intelligent n'est pas» (L'intelligent tient à l'intelligence en réalité). «Il faut s'investir pour l'évidence en vue d'être sûr dans l'existence en restant intelligent dans sa manière» (L'intelligence dans la manière est un investissement sûr dans la vie). «L'excellence n'est nullement pas un frein pour celui qui tient au bien car venant de l'évidence elle n'empêche pas de tenir bien pour ne pas se faire retenir pour rien» (L'excellence permet de tenir bien dans la vie en la situant positivement). «C'est parce que l'inintelligence n'est rien qu'on peut se contenter de rien pour la vivre dans la logique où elle ne profite pas» (L'inintelligence ne demande pas d'effort pour la vivre car elle ne tient pas au juste comme référence). «Seule l'intelligence tient débout pour celui qui n'est pas fou» (Quand on n'est pas fou nous comptons fidèlement sur l'appui de l'intelligence dans la vie). «Dans la logique où l'intelligence se pense pour qu'elle nous rassure la devance c'est qu'elle ne se pense pas avec non-sens mais plutôt à l'encontre du sens mal éclairé» (L'intelligence suffit comme secours seulement quand nous la pensons savamment). «Le manque d'intelligence n'est nullement pas le manque dans l'intelligence, c'est parce qu'il n'ya pas de manque dans l'intelligence que nous ne manquons pas à sa présence mais plutôt à son absence dans la vie» (L'intelligence suffit énormément nous comprenons pourquoi nous ne manquons pas en présence de l'intelligence mais à son absence). «Ce qui n'arrange pas du tout c'est ce qui nous arrange quand on est fou tout ce qui se gagne sans sa conscience c'est ce qui nous mène à la déchéance dans l'existence» (La déchéance dans l'existence relève de l'imprudence dans l'intelligence). «L'intelligence ne nous apporte rien quand l'inintelligence ne nous coûte rien celui qui ne s'oppose pas à l'inintelligence ne profite pas de l'intelligence» (Quand l'intelligence ne nous gêne pas pourquoi s'instruire pour vivre l'intelligence ?). «L'intelligence est dans le silence qui relève du bon sens sans doute le sens contraire du non-sens est intelligent car évident dans sa manière» (L'intelligence est évidence dans la vie dans la logique où la manière où tout venant du bon sens profite justement à l'existence). «L'intelligent n'est pas celui qui pense tout en bien ce qui n'est pas bien du tout mais plutôt dissocier tout de rien ou le bien du mal car n'étant pas confus dans l'avis tout comme dans la vie» (Dans l'avis tout comme dans la vie l'individu intelligent est celui qui sait bien faire la part des choses). «Si l'évident est différent l'intelligent aussi» (L'intelligence s'appuie sur la base d'une différence précise entre la capacité et l'incapacité). «L'absence de l'évidence est l'absence de toutes les nuisances idem pour l'absence de l'intelligence dans l'existence» (L'évidence et l'intelligence marchent ensemble dans la vie). «Nous ne nous trompons pas d'intelligence partout où l'inintelligence ne nous trompe pas dans la logique où la lumière sur l'ignorance ne se passe pas de la connaissance» (Celui qui se situe sur l'inintelligence est intelligent de manière). «Le temps de l'intelligence c'est celui de l'abondance situant la suffisance dans l'intelligence rester à jamais intelligent ne fait nullement pas de l'individu un perdant» (L'intelligence dans la manière ne nuit nullement pas à l'aboutissement de l'espérance humaine). «Ce que l'intelligence n'accorde pas c'est ce qui ne concorde pas conscient certainement qu'elle relève de l'évidence en ne manquant pas de suffisance» (L'intelligence nous demande de s'accorder seulement sur ce qui nous profite sincèrement). «Ce qui se connait dans l'intelligence c'est ce qui est intelligent de connaitre» (Ce qui est intelligent de connaitre est exclusivement ce qui se connait dans l'intelligence). «Celui qui ne comprend pas l'intelligence ne se comprend pas en évidence» (L'intelligence détermine la compréhension de soi pour l'individu). «La connaissance détermine à jamais l'intelligence comme convenance c'est ne rien connaitre de l'une et l'autre valeur que de dissocier la connaissance de l'évidence sans jamais se tromper» (La connaissance est intelligence vice-versa dans la vie). «Pour notre bien tout nous vient de la connaissance et de l'intelligence» (L'intelligence et la connaissance nous assiste dignement pour notre prospérité).

«Nous attendons du secours dans l'intelligence quand elle se pense sans détour» (Sans détour l'intelligence ne nous assiste utilement). «Bien intelligent, bien évident» (L'intelligence n'échoue pas partout où l'ignorance n'échoue pas). «Tout est suffisance dans l'intelligence car elle s'oppose à la nuisance : l'importance la meilleure c'est l'intelligence comme manière» (La manière de l'intelligence véhicule une importance majeure dans l'existence). «L'intelligent c'est le compte le bon compte fait le juste intelligent nous appelons intelligent celui qui sait quel calcul faire pour ne pas s'acculer par rapport à ce qui lui fait soucier, nous appelons intelligent celui qui a des réponses justes devant les défis de l'existence en restant précis dans son avis» (L'intelligent tient sincèrement à la précision dans son avis). «Plus qu'évidence ne profite pas plus tout comme plus qu'intelligence ne profite pas plus» (L'évidence en toute réalité profite à l'intelligence dans la mesure où sans évidence aucune nous jugeons mal l'intelligence car aucune évidence n'égale l'évidence tout comme aucune intelligence ne devance l'intelligence pour celui qui se veut certain de sens). «L'intelligent c'est celui qui choisit uniquement le bon sens comme référence» (Le bon sens est la référence de l'évident dans le temps et l'espace). «L'intelligence évidence dans l'exigence rien de l'intelligence ne découle de rien dans l'existence voilà pourquoi l'inintelligence n'incarne pas la suffisance quand l'autre est forcément que la différence est» (La différence est incontestable entre l'intelligence et l'inintelligence dans la vie). «L'intelligence n'est tout autre que ce qu'on pense pour autre lorsqu'on se croit incapable à jamais» (Dans le complexe d'infériorité nous situons toujours l'intelligence chez autre que soi sans que cela ne soit forcément pas plausible).

Le problème et la solution

«La solution ce n'est pas ce qui nous arrange comme dévotion quand on se situe sans précision, celui qui s'éloigne de la réalité s'écarte de la positivité avec en s'exposant nettement au problème» (Partout où nous nous éloignons de la solution nous nous enfonçons dans le problème comme dévotion). «C'est l'illusion et non pas la solution qui s'oppose à la solution de la précision, devant et derrière le bon sens le non-sens seul se pointe comme référence : autre que précision est manquement dans la solution» (Nous nous trompons de solution mais la solution ne nous trompe pas). «Ce qu'impose la solution à défaut de s'imposer sans problème s'impose sûrement à l'encontre du problème, ce qu'impose le bien à défaut de s'imposer sans mal s'impose certainement à l'encontre du mal» (Dans l'adoption quand la solution demande du sacrifice c'est pour notre bien). «On n'appelle pas solution ce qui appelle à la désillusion tout comme on n'appelle pas problème ce qui appelle à la précision si toutefois nous raisonnons, sûr de lecture, droiture dans la lecture mature dans la mesure» (Partant du principe de la lucidité la solution et le problème appartiennent respectivement à l'opposition de la raison et de l'illusion). «Quand convient la raison vient la solution, point de solution sans raison aucunement» (La solution c'est la raison en toute certitude). «Ce n'est nullement un défaut de solution quand on solutionne sans défaut» (Dans la logique où nous solutionnons sans défaut le problème ce n'est nullement pas un défaut de la part de la solution). «Ce que la solution nous accorde c'est ce que le problème nous empêche il faudrait que la différence ne soit pas du tout une réalité pour que la solution et le problème cessent d'exister, partant de la différence nous nous situons sur la référence du sens comparé au sens» (La bonne maitrise de l'analyse de la différence nous permet de se situer sur le problème et la solution). «Si le mal n'a pas raison c'est parce qu'il choisit mal la raison, si le problème n'est pas la solution c'est parce qu'il définit mal la solution» (Quand nous nous trompons de calcul sur le problème il est certain que la solution ne nous assistera pas). «Celui qui ne fait rien pour apprendre, ne fait rien pour comprendre n'arrive finalement pas à se défendre, celui qui solutionne sans qu'il ne raisonne se trompe dans sa solution car il hallucine» (La solution certaine vient d'une compréhension éclairée dans la vie). «Seulement la solution veut tout dire quand elle ne situe pas tout dans le délire» (Dans la logique où la solution ne situe pas tout dans le non-sens elle veut forcément tout dire). «Celui qui vit de problème vit de solution car si la vie ne manque pas de problème elle n'en manque pas également de solution étant donné l'imperfection humaine forcément à le vouloir ou pas son imagination alterne entre le bien et le mal» (L'imagination de l'individu alterne forcément entre le bien et le mal dans la vie sachant qu'il est imparfait). «Situez droit le problème ainsi vos solutions seront des lois étant donné que seule la loi de la précision est infaillible dans la vie» (Nous ne comptons pas sur une loi faillible pour faire une solution hautement bénéfique). «Le problème n'est pas ce qui nous ennui quand on abuse mais plutôt ce qui nous afflige quand on s'avise, une fois perdu nous situons mal le bien vice versa car nous sommes perdus parce que nous ne tenons plus en réalité» (Quand nous ne tenons plus en réalité nous confondons le problème et la solution). «Le problème dans la vie ne nous demande nullement pas d'ignorer l'avis du problème si toutefois nous voulons de la solution car la solution découle de l'avis contraire du problème» (De la solution au problème pour faire la part des choses il faut comprendre l'avis directeur du problème qui est contraire à celui de la solution dans la vie). «Du problème à la solution la soustraction est utile pour tenir à la précision dans la vie tout comme dans l'avis» (Il faut soustraire le problème de la solution pour se situer sur l'une et l'autre valeur). «Face à la solution le problème doit tout avoir de ferme pour qu'il nous assiste au juste» (L'assistance de la solution dépend de sa fermeté vis- à-vis du problème). «Si c'est une solution d'attendre alors la solution peut attendre sans que le pire ne se produise, sans urgence aucune la nonchalance n'a peut-être pas d'impact négatif» (Nous attendons quand ce n'est pas urgent sans que l'attente ne nuise en général). «Une fois bien compris le problème donne tout nous comprenons pourquoi il n'y a pas de solution sans problème» (Sans problème il n'y a pas de solution dans ce sens le problème bien compris mène à une solution positive dans la vie). «Les vrais problèmes de la vie ne relèvent nullement pas de l'abus de l'avis dans la logique où la vérité sur le problème n'a d'égale que celle sur la solution» (Dans la vie nous ne nous situons nullement pas sur un vrai problème sans analyse certaine). «Quand la solution faillit c'est qu'elle n'a pas été bien pensée» (Mal pensée la solution n'assiste dignement pas). «Ce n'est pas tout qu'il ait problème quand on ne manque pas de solution, aussi longtemps que le problème ne cessera pas d'être la solution se nécessitera pour réussir» (La solution se nécessite toujours quand le problème reste présent dans la vie). «Sans solution le problème ne veut rien dire autre à part ce qui n'est pas utile à dire raison pour laquelle nous en déduisons sans manquement qu'une solution sans problème est une solution qui s'ignore en somme c'est la solution de tous les problèmes dans la vie» (La solution de tous les problèmes est une solution venant de l'illusion dans la vie). «La solution logique est forcément basique pour la résolution du problème dans la vie pour qu'elle nous soit bénéfique» (Le bénéfice de la solution découle de sa dimension basique). «La clé du succès c'est la précision dans l'imagination tout comme la clé de la réussite c'est la précision dans la solution» (La précision dans la solution est la clé de la réussite). «S'il n'est pas bien de manquer de problème certainement que d'une part le problème fait du bien» (Quand nous souffrons pour le bien certainement le problème fait du bien). «Ne situez pas le problème dans le bien mais plutôt situez bien vos problèmes, situez-vous bien sur le problème ainsi vous ne manquerez pas de solution» (En se situant bien sur le problème nous ne le situons pas mal). «Plus de problème c'est plus de solution pour le rêveur convaincu une fois précis dans l'avis il faut s'investir pour relever bon nombre de défi en vue de réaliser l'exploit dans sa solution, la grandeur du défi détermine celle de la solution» (Celui qui tient résolument à l'exploit dans la solution ne fuit pas les défis quel qu'en soit le nombre en vue d'atteindre l'exploit dans sa solution). «En réalité, la réalité n'épargne pas des problèmes si toutefois on a des problèmes avec la réalité, celui qui situe le problème dans la réalité se trompe sur où se situer» (Nous nous trompons de réalité quand nous avons du problème avec la réalité). «L'absence de la vérité n'est pas du tout l'absence de problème en réalité logiquement pensé nous ne cautionnons pas des ennuis avec la raison mais plutôt à son absence» (A l'absence de la vérité le problème s'accroit car la solution s'éclipse elle aussi). «Ne repensez pas le problème autrement que la raison nous le présente de même ne repensez pas la solution autrement que la précision nous la recommande ainsi nous réussirons notre calcul, la solution la meilleure est nettement la solution sans erreur» (Sans erreur aucune nous nous situons bien sur le problème et la solution). «Raisonner est le problème de celui qui ne se trompe pas de problème» (Quand on ne se trompe pas de problème nous nous soucions pour une cause juste). «Si ce n'est pas juste d'avoir du problème ce n'est nullement pas injuste d'avoir un problème juste : si c'est faux d'avoir du problème c'est que le problème est faux, le faux problème est celui qui ne nous assiste pas dans la vie» (Le problème n'est pas mal quand on le pense bien). «Tout se problématise par rapport à une visée» (Sans visée nous ne problématisons rien dans la vie). «S'il n'y a pas de preuve sans épreuve dans ce sens il n'y a pas de problème sans solution dans la vie» (Dans la logique où il n'y a pas de preuve sans épreuve il n'y a pas de problème sans solution également dans ce stade). «Le problème est clé pour atteindre la solution et cela à jamais dans la vie sans épreuve la preuve s'infirme comme appui» (La preuve ne tient pas comme appui sans épreuve aucunement). «On n'a pas de problème parce qu'on ne travaille pas mais plutôt parce qu'on ignore quel travail faire de la solution au problème la différence réside dans la manière s'investir à tort c'est justement s'investir à l'encontre de son confort dans la vie»

(En s'investissant à tort nous nuisons à notre confort nous sommes confrontés au problème dans la vie non pas parce qu'on ne travaille pas dans la mesure où à défaut de se servir nous nous desservons donc forcément nous travaillons mais plutôt nous jugeons mal quel travail faire). «Celui qui n'a pas de problème avec la solution est un problème pour le problème car marche selon la directive contraire à elle en adoptant la démarche lucide nous nous opposons sûrement à celle immature» (En adoptant la consigne de la raison nous tenons avec bon sens). «Si le manquement ne compte pas le problème aussi alors en quoi la solution nous profitera-t-elle dans ce sens c'est certainement s'exposer aux problèmes que de résoudre le problème par le problème, c'est s'induire en erreur que de juger autrement l'erreur si ce n'est l'erreur» (Nous ne réussissons pas bien notre jugement sur l'erreur si nous ne la pensons pas bien dans le temps et l'espace ainsi nous nous exposons aux problèmes en ignorant ce qu'un problème veut dire en réalité). «Ce n'est pas la solution qui a tort si le tort ne se solutionne pas mais plutôt c'est la conviction qui faute dans la logique où la solution ne manque pas de solution, l'individu oui car étant imparfait» (Notre engagement ne nous permet pas de ne jamais se tromper par rapport à la réalité de la solution et du problème sachant que nous sommes sujets à l'erreur). «Le sujet s'attend aux regrets aussi aux problèmes car il ne suffit pas» (Sans suffisance le sujet doit s'attendre certainement à l'insuffisance). «Le problème est toujours sujet à la solution une fois le calcul bien posé le problème ne peut rien faire contre une solution bien éclairée» (Face à la solution convenable le problème est justement contraint). «Pensez bien le problème ainsi vous verrez que le bien ne pose pas problème nul doute vous situerez la solution dans la précision» (Celui qui raisonne sur le problème n'ignore pas que la raison ne se passe pas de la précision). «Ne pensez pas tout en problème ainsi vous ne manquerez pas de solution car tout n'est pas que problème de même ne pensez pas tout en solution dans ce sens vous vous situerez sur le vrai problème dans ce cas, la réalité entre le problème et la solution est que l'une et l'autre valeur existent réellement de manière contradictoire» (La raison et l'illusion s'oppose réellement dans la vie nous ne pouvons nullement pas avoir une connaissance éclairée sur l'une et l'autre valeur sans pour autant bien se situer sur la réalité en question). «Au compte du problème seule la solution ne compte pas sachant qu'en sa présence celui-ci s'envole, celui qui s'intéresse au problème à défaut de s'intéresser à la solution ne solutionne pas son intérêt ainsi le vit négativement» (Nous vivons négativement notre problème quand nous ne nous intéressons pas à la solution en faisant du problème la solution).

Le travail et le chômage

«Le travail nous donne ce qui nous manque quand le chômage nous le prive dans ce sens il est indiscutable que derrière chaque niaque ouvrière se cache une volonté guerrière de combattre une insatisfaction apparente pour atteindre une satisfaction réelle nous comprenons pourquoi que non-sens est pour le travailleur de ne pas se reconnaitre militaire pour une cause salutaire ainsi nous en déduisons finalement qu'une fois travailleur à le vouloir ou pas nous sommes tous militaires pour notre manière peu importe que la guerre nous réussisse ou pas» (Le travailleur se comporte dans la peau d'un militaire peu importe que sa mission réussisse ou pas). «Le travailleur à défaut de manquer de manière s'appuie sur le manque comme manière nous comprenons justement pourquoi à défaut de faire son travail nous le défaisons si toutefois nous ne pouvons pas rester sans travailler aucunement dans la vie» (Dans la logique où nous travaillons forcément dans la vie à défaut de se servir dans son investissement nous nous desservons obligatoirement le mieux pour nous c'est de savoir comment agir pour contenir le manquement et cela résolument et évidemment). «En arrière se trouve les travaux qui appartiennent au passé mais qui n'ont forcément pas occasionnés le retard de l'humain travailleur mais cela traduit en partie la règle de l'évolution de l'intelligence humaine : d'époque en époque de travail en travail si nous nous passons de certaines manières pour adopter d'autre c'est pour justement aller de l'avant si toutefois on se veut évident dans l'espérance avance laquelle nous l'atteindrons en toute maturité» (Le travail c'est aussi et surtout l'avance dans la manière de faire la différence entre les méthodes d'agir et de réagir ainsi le travail c'est le détail lié à l'intelligence humaine à son évolution dans le temps et l'espace). «Tout ce qui se dit sur le travail ne relève pas de la réalité à moins d'être travailleur pour vivre la réalité du travail tout en n'ignorant pas la différence des personnalités selon les sensibilités nous comprenons dans ce sens la raison pour laquelle la réalité du travail perçue par un individu n'est forcément pas celle perçue par tous les individus pour voir clair par rapport au travail certainement n'ayons pas de rapport avec le tort pour son confort» (En s'éloignant du tort nous profitons justement de notre effort ouvrier tout en n'oubliant pas que du travail au travail la différence est bien réelle entre les travailleurs de même que la natures des travaux à réaliser). «Il ne faut seulement pas avoir un cœur pour être un travailleur au service de l'honneur mais plutôt soumettre son cœur à l'exigence de l'évidence de la lumière sans évidence l'effort n'apporte rien de bien» (L'effort du travailleur ne concorde pas sans bon sens aucun). «Pour vivre heureux il faut savoir bien travailler sans doute la place du travail est incontournable dans le bonheur de l'individu toutefois si nous pensons notre labeur selon la préférence de la lumière certainement qu'on a toutes les chances qu'elle nous comble de jouissance» (Bien pensé le travail rend heureux le travailleur éclairé). «Certes on peut se tromper de travail cependant on ne peut pas tromper le travail ni manquer de travail dans la vie» (En réalité dans la vie nous ne manquons pas de travail ni ne pouvons pas tromper le travail mère entendant bien celui de la raison). «L'envie de chômer ne profite nullement pas à l'avis de travailler nous comprenons pourquoi le juste laborieux se fie exclusivement au sérieux du labeur qui n'est pas sans ardeur dans le travail » (L'envie de chômer n'est nullement pas un appui pour bosser). «Il n'y a qu'une seule manière de gagner quand on s'appelle travailleur, faire ce qui est à faire, le travail n'est jamais réussi sans que l'effort ne soit au préalable bien réfléchi la lumière dans l'effort détermine la lumière du travail par conséquent rend meilleure la qualité du service » (La victoire dans le travail est question d'un engagement plus mesuré du travailleur à savoir comment tirer profit de son engagement). «Pour qu'il nous profite parlant du travail, le courage seul ne suffit pas pour atteindre le large mais aussi et surtout il faut-être sage de marge» (La sagesse c'est la richesse pour l'effort). «Seulement travailler ne rend pas heureux quand on s'engage sans s'éclairer celui qui ne fait pas son travail sera certainement déçu de son travail, à part vivre le bonheur tout peut arriver au mauvais travailleur à moins que le mal ne soit plus à déplorer» (Sans clairvoyance le travail n'assiste utilement pas dans la vie). «Clair est la manière du travailleur éclairé» (Une fois éclairé le travailleur se limite à la clarté comme référence). «Si ce n'est pas meilleur d'être travailleur certainement que le travailleur a l'esprit ailleurs si ce n'est dans la lumière sachant certainement que le mauvais travailleur est plutôt fauteur que meilleur» (Pour que le travail nous profite c'est toujours une implication certaine de notre part qui est recommandée). «Quand le travail nous amène par derrière certainement que le travailleur est sous l'emprise de l'erreur, mal pensé ce que le travail nous accorde c'est ce qui n'est pas à s'accorder sans jamais chômer le profit mal pensé est certainement dans l'abus» (Dans l'abus nous situons le travail mal pensé). «Ne travaillez pas pour ensuite penser mais plutôt pensez avant de travailler ainsi vous ne vous engagerez pas pour rien car vous vous engagerez bien» (Bien pensé l'engagement s'oppose au désagrément). «Quand il faut travailler certainement que faux ne doit pas faire travailler réellement quand le travail se nécessite c'est parce qu'il est bénéfique venant du tort l'effort n'est pas du tout convenable par conséquent rentable pour l'espérance dans l'existence» (C'est seulement bien pensé que le travail nous assiste utilement dans le temps et l'espace). « Le travail est tout pour s'éloigner du chômage il n'y a meilleure réponse qui convient au chômage si ce n'est le travail » (Le travail est la seule réponse appropriée au chômage). « Le chômage est bien une charge que seule saurait soulever le travail, travaillons pour juste s'intégrer » (Nous travaillons pour nous intégrer en réponse contre le chômage). « Le bon travail fait la bonne intégration, parmi les supports sur lesquels s'appuie l'épanouissement global social le travail en fait partie » (Le travail appuie positivement l'épanouissement social de l'individu). « Dans le travail le dérangement concoure bien sûr à l'arrangement si nécessaire il convient ainsi pour l'humain de se faire mal pour ne pas se faire mal ce qui déduit le fait qu'il n'y a pas de jouissance durable sans au préalable de souffrance qui la précède » (La souffrance précède la jouissance durable dans la vie dans ce cas il n'y pas d'autonomie professionnelle sans sacrifice consenti par l'humain quand il le faut). « Le mal n'est pas d'être travailleur plutôt être contre le travailleur oui » (L'humain qui s'opère contre le travail ainsi que le travailleur se maintient dans l'oisiveté). « Travailleur on est rêveur » (Le travailleur est rêveur au juste car l'ambition ne nous manque pas travailleur). « On a tout le temps pour travailler pour avoir tout le temps pour espérer, l'espoir de toutes les réussites est celui travailleur en sachant bien s'accomplir dans le travail on s'épargne la réussite » (La réussite dans la vie nous l'obtenons en travaillant au mieux). « La réussite dans la vie est d'une part liée à la réussite dans le travail, pour mener une vie indépendante il faut opérer un travail gagnant » (Le travail renforce la vie dans sa réussite d'une part). « On a droit au travail quand on n'ignore pas son droit à la vie toutefois si nous nous comprenons sincèrement, l'homme conscient doit travailler pour prospérer dans la vie » (La compréhension sincère de la vie recommande le travail à l'humain).

La cohérence et l'incohérence

« La cohérence n'est pas sans importance seulement il ne faut pas se laisser submerger pour s'en rendre compte » (La situation de la cohérence nous ne saurons autrement pas la déterminer sans précision). « La cohérence ne se cultive pas dans le non-sens, plutôt dans le bon sens d'accord » (Nous n'accédons pas à la cohérence sans bon sens aucun dans la manière). « Autant la cohérence n'a point de nuisance, l'incohérence n'a point de jouissance » (La cohérence ne joue pas le rôle de l'incohérence vice-versa). « Tout est cohérent pour celui qui se veut raisonnable » (L'individu évident se veut cohérent dans sa démarche). « La cohérence appelle librement à la présence du bon sens dans la conscience ce qui déduit le fait que nous la vivions avec assurance dans l'existence » (L'existence nous renforce à travers la cohérence existentielle). « Autre qu'exigence, l'évidence mène à la cohérence » (L'évidence mène à la cohérence existentielle à travers son exigence). « La cohérence n'est nullement pas un manquement dans le sens pour celui qui la situe dans le bon sens a condition qu'on la situe avec intelligence ainsi dès lors que la suffisance nous pose problème justement que nous vivions dans l'insuffisance sans le savoir » (L'insuffisance est dans l'analyse qui confond la connaissance à l'ignorance vice-versa). « Nulle cohérence ne se passe de la connaissance cela dit la connaissance est la cohérence par excellence il n'y a pas de suffisance sans la connaissance non moins sans évidence » (La connaissance est le support de la cohérence par le biais de l'évidence). « Il n'y a pas de cohérence sans enjeu si toutefois l'existence n'est pas qu'un jeu mieux un enjeu quelque part » (L'enjeu fait partie de la vie en même temps que le jeu ainsi la cohérence est bien recommandée pour réussir à élever son existence). « La cohérence n'a seulement pas pour vocation de faire rêver mieux pour faire prospérer » (La marque de la cohérence fait prospérer l'humain dans la vie partant de son rôle). « La cohérence concoure à la paix car il n'y a pas de paix sans justice en réalité » (Celui qui tient à la paix doit savoir entretenir la cohérence dans l'existence). « L'incohérence n'est nullement pas sans manquement dans le raisonnement si l'incohérence ne se fait pas seule c'est justement l'humain qui l'acte » (L'humain fait l'incohérence dans la vie). « L'existence ne s'oppose aucunement à la cohérence dans le raisonnement pour celui qui l'apprécie en sa juste valeur, sans erreur l'existence nous sourit en suffisance » (La suffisance est dans la marge de l'existence certaine). « La cohérence n'est autre que la conséquence de l'évidence dans le sens » (L'évidence dans le sens détermine la cohérence dans l'existence). « La cohérence n'est pas ce qu'on pense si ce qu'on pense s'oppose au bon sens » (La cohérence ne s'oppose pas au bon sens pour celui qui la pense avec évidence). « Pour vaincre l'incohérence il faut convaincre la cohérence mieux la connaitre et l'adopter » (Nous adoptons la cohérence partout où nous l'acceptons comme référence dans l'existence). « La cohérence n'est nullement pas un frein à l'avancée plutôt l'incohérence d'accord » (L'incohérence est justement un frein à l'épanouissement humain par rapport à la cohérence). « Bien d'évidence bien de cohérence avec » (Plus nous cultivons l'évidence comme choix mieux nous profitons de la suffisance dans la vie). « Cohérent on est gagnant » (L'évident est gagnant le cohérent est évident). « La volonté est cruciale pour déterminer la personnalité de l'humain partant de la cohérence à l'incohérence, le sens que nous exprimions dans la vie est d'une part fonction de la volonté qui nous anime attestant logiquement la personnalité qui est nôtre » (La volonté de l'individu détermine son adéquation ou inadéquation avec l'exigence de la cohérence dans la vie). « Celui qui est cohérent dans le temps n'est pas cohérent à l'encontre du temps » (La cohérence ne se fait pas à l'encontre du temps mais avec partant de la liaison certaine existante entre le temps et l'évidence la cohérence se forge ainsi). « Cela n'étonne surtout pas que dans l'impossibilité de déterminer l'incohérence que nous vivions dans l'incohérence dans la mesure où lorsqu'on ignore ce qui nous trompe c'est qu'on se trompe » (Une fois cohérent nous dissocions la cohérence de l'incohérence dans le sens). « Le sens cohérent est différent et évident » (La cohérence est évidence et différence dans le sens). « Celui qui s'oppose à l'intelligence s'oppose à la cohérence avec sans conteste la cohérence est intelligence dans le sens » (L'intelligence dans le sens détermine la cohérence dans la manière). « Ce que demande le bon sens c'est ce qui plait certainement à la cohérence, celui qui opère pour le bon sens opère pour la cohérence avec » (La cohérence s'opère dans le cadre stricte du bon sens). « L'importance dans l'existence est fonction de la cohérence dans la référence : mieux nous nous faisons évidents dans la référence plus nous acquérons de l'importance dans l'existence » (L'importance certaine s'appuie sur la cohérence existentielle). « Dans la cohérence le non-sens n'a pas droit de citer juste ce qu'il faut pour que les choses marchent comme il faut c'est ce qui n'est pas faux » (La vérité est l'unique chance à saisir pour rendre les choses cohérentes). « Ce que la cohérence nous fait perdre l'incohérence ne nous le fera jamais gagner au juste erreur est de penser situer le gain dans l'erreur » (Il n'y a pas de gain dans l'erreur pour celui qui le situe logiquement). « Si la cohérence n'est pas la seule référence certainement que l'incohérence n'est pas sans présence aucune, peu importe qu'elle ne nous soit pas utile l'incohérence existe certainement » (L'incohérence existe même si elle ne nous profite pas dans la vie). « La chance ne se définit autrement que dans le cadre de la cohérence, celui qui ne s'oppose pas à la cohérence compose avec la chance dans l'existence : mieux dans la vie chérissez l'évidence ainsi vous vous enrichirez dans la mesure du possible » (L'humain à travers son soutien vis-à-vis de la chance renforce sa cohérence dans l'existence). « Ce qui va au désavantage de la cohérence va à l'encontre de l'existence menace l'intérêt de l'existant ce qui déduit le fait que l'humain intelligent doit toujours s'évertuer à renforcer sa cohérence pour sa suffisance dans l'existence » (Il nous revient humain imparfait d'agir pour changer notre environnement puis notre vécu à travers le degré de sacrifice que nous consentions pour rester le plus cohérent possible).

La compétence et l'incompétence

« L'échec est dans l'incompétence pour celui qui se réfère puis adopte les consignes de l'ignorance dans l'existence plus l'humain sera mal informé plus il s'en sortira perdant » (Le produit de la compétence débouche sur la suffisance et non pas le contraire). « Si compétent on est suffisant ou gagnant c'est parce qu'on est compétent qu'en raisonnant » (La compétence requière toujours de l'engagement utile pour l'humain à s'épanouir intelligemment). « Celui qui juge mal la connaissance juge mal la compétence avec en tout et pour tout la compétence certaine émane de la connaissance limpide ainsi celui qui se trompe de connaissance se trompe de cohérence avec » (La cohérence bien déterminée n'est pas en déphasage avec la connaissance). « Si la cohérence ne fait pas avancer justement que l'avancée ne rend pas cohérent » (L'avancée rend cohérent partout où la cohérence fait avancer les deux valeurs sont combinées). « Selon l'importance l'incohérent est insultant » (L'incohérence est désagrément dans le sens). « Celui qui ne croit pas la connaissance ne croit pas à la cohérence avec ce qui traduit le fait que la réalité sur la connaissance est la même pour la cohérence il faudrait-être juste pour le savoir » (La connaissance entre la cohérence et l'incohérence nous vient de l'appréciation justifiée de la connaissance). « Le concordant est compétent plus c'est influent mieux c'est évident justement c'est cohérent, la cohérence est concordance dans le sens mieux que l'incohérence » (La cohérence ne s'oppose aucunement à l'intelligence existentielle humaine dans son accomplissement mais avec manière bien sûr). « L'incohérence mal pensée n'a d'égale que la cohérence dans l'existence » (L'incohérence mal pensée n'a d'égale que la cohérence certaine).

La puissance et l'impuissance

« Il n'y a pas de puissance sans conscience ; la puissance dans l'existence est l'expression de la connaissance comme référence » (La référence de la puissance est celle de la connaissance). « Quand la connaissance nous menace certainement que nous ignorions la vraie menace sinon la connaissance ne menace pas celui qui ne se trompe pas de menace » (La connaissance ne menace personne si nous la déterminons bien). « La puissance de tous les dangers est celle qui ne s'oppose à aucun danger quand elle nous profite la puissance se développe contre la nuisance et non pas contre l'existence de l'humain » (Il n'est pas attendue de la part de la puissance de nous nuire). « On n'est pas puissant forcément parce qu'on se veut puissant plutôt parce qu'on se comporte évident » (L'évidence rassure l'existence de l'individu en terme de puissance). « Celui qui ne veut pas de la connaissance ne veut pas de puissance dans la mesure où seule l'intelligence renforce la puissance dans l'existence » (L'intelligence seule est l'assise certaine de la puissance dans l'existence). « A chaque puissance sa cohérence il s'agit justement de ne pas se tromper de manière pour exceller dans sa dynamique » (La manière de l'excellence nous ne l'obtenons pas sans puissance aucune). « L'existence n'est pas que puissance aussi et surtout l'impuissance existe certainement » (La puissance et l'impuissance existent dans la vie, s'alternent). « Celui qui ne mesure pas l'existence à sa juste valeur ne profite pas de la suffisance qui l'anime » (La suffisance qui anime l'existence nous ne l'obtenons pas sans pour autant bien agir). « La puissance d'un jour c'est l'impuissance pour toujours sans assurance la puissance n'a point d'abondance » (La puissance ne rassure pas celui qui ne la situe pas en sa juste valeur). « Mieux l'on se défend de l'impuissance plus l'on renforce la puissance » (La puissance se renforce seulement partant du front contre l'assise de l'impuissance).

La patience et l'impatience

« S'inventez et se patientez c'est la clé de la suffisance dans l'existence ; de la connaissance combinée à la connaissance assure l'excellence humaine » (La patience et la connaissance renforcent sagement notre réussite existentielle). « La patience est assurance partant de l'évidence comme référence exclusivement venant du bon sens la patience forge la suffisance » (La suffisance nous l'acquérons de la patience certaine). « L'impatience n'est pas sans incidence s'opposant à la mesure du bon sens » (L'impatience ne nous profite pas parce qu'elle ne nous rapporte rien). « L'impatience nous mène en retard contrairement à la patience même si ce n'est pas ce qu'on a tendance à voir en première vue : nous sommes généralement tentés par l'impatience c'est parce que nous pensons à tort qu'elle nous profite au mieux alors que non-sens est de la confondre au patience qui nous demande de ne pas se presser pour ne pas accuser du retard dû à la précipitation » (A la première vue la patience et l'impatience nous trompe dans la profondeur sensuelle car si la seconde fait semblant de nous placer en avant et la première en arrière en réalité c'est tout le contraire). « La patience n'est pas sans importance si toutefois l'importance ne s'oppose pas à la patience, l'essentiel n'est pas de se patienter mieux savoir pourquoi la faire ; la patience dans le non-sens est la patience de toutes les insuffisances » (La patience inconsciente mène à l'insuffisance certaine). « On est gagnant que patient de même on est perdant qu'impatient là où elle s'impose nécessaire la patience est ce qu'il y a à faire pour bien se parfaire contrairement à l'impatience » (La différence entre la patience et l'impatience est patente parce que la première valeur est gagnante et la seconde perdante). « Celui qui ne s'invente pas ne se patiente pas si la patience n'est pas n'importe quoi c'est que n'importe qui ne peut pas patienter » (La patience gagnante est le cheminement logique d'une réflexion positive). « La patience de tous les dangers est la patience qui ne s'opère à l'encontre d'aucun danger » (C'est seulement sensé que la patience est suffisance donc salutaire elle doit se nourrir contre les maux et non pas les consolider). « Croire à la patience tout comme la connaitre ou la comprendre ne fait pas de nous un individu patient ; plus que la parole ou la compréhension la patience c'est l'acceptation puis l'adoption de la valeur par l'humain » (La patience est un processus explicite d'adoption de la raison comme valeur existentielle de la part de l'individu). « Tout de patient est pesant une fois évident, la patience de la suffisance c'est justement celle de l'évidence » (On ne se patiente pas pour rien lorsque nous ne prenons pas la patience pour rien). « L'ignorance de la patience nourrit certainement la patience de l'ignorance étant donné que dans l'ignorance n'incarne point de suffisance » (La suffisance dans le sens détermine la connaissance comme référence contrairement à l'ignorance). « La différence par l'impatience est logiquement une différence perdante là où la patience est belle et bien conseillée l'inconscience ne peut que nous décevoir » (La différence de la patience est positive comparée à celle de l'impatience car elle est support de toute avancée certaine). « Contre la réussite l'impatience est présente car il est illusoire pour un mental gagnant de penser pouvoir tout faire à la fois et dans la précipitation, la patience est une connaissance générant la leçon de bien vivre à l'endroit de l'humain lequel en s'appropriant d'un tel enseigne s'honore au mieux » (La patience cultive puis performe l'humain pour son épanouissement). « Celui qui ne supporte pas bien l'impatience se supporte bien dans l'existence car l'impatience est aussi et surtout l'assise de multiples angoisses en s'impatientant à tort nous sapons notre essor puis nous nous privons de confort durable » (La lucidité dans la prévision pour l'humain lui rappelle de bien faire les choses tout en n'ignorant pas la nécessité permanente de rendre durable l'amélioration de la vie dont il nécessite cela en se patientant comme il faut). « Quand la patience compte l'abondance compte avec car la connaissance est présente » (La patience faisant cavalier avec la connaissance insuffle de l'avancée dans l'activité humaine). « Une fois réussie justement que la patience constitue une menace pour l'impatience, bien pensée la patience se distancie de l'impatience tout comme la suffisance dépasse l'insuffisance » (La patience et l'impatience s'opposent dans la vie tout comme la suffisance et l'insuffisance). « C'est seulement évident que le patient se place devant ; la devance dans la patience c'est l'évidence dans la référence » (La patience ne garantit pas la réussite pour celui qui se garantit pas dans la patience autrement qui ne raisonne pas avant de patienter). « L'impatience n'est pas que le sens mieux il est non-sens quand la patience s'impose comme bon sens » (Non utile l'impatience est inutile comparée à la patience). « Quand la patience fait perdre c'est qu'elle n'est pas bien claire : une fois mal pensée la patience n'a d'égale que l'impatience » (La patience mal pensée n'a d'égale que l'impatience dans le temps et l'espace). « Bien patienter c'est sans nul doute bien avancer, la patience n'a jamais été un frein pour l'avancement pourvu qu'on sache pourquoi et comment patienter » (La connaissance par l'humain de la raison pour laquelle il faut patienter nous permet de réussir notre patience car c'est la connaissance qui la rend productive). « La patience et la pertinence vont de pair pour vaincre l'erreur et la peur qui l'accompagne en vue de promouvoir le bonheur certain : si la division n'entrave pas la progression c'est la division vis-à-vis de l'illusion et non pas la division pour l'illusion » (L'éloignement de l'humain face à l'ignorance renforce sa patience comportementale). « Si on éprouve de la souffrance à se patienter c'est parce qu'on se patiente contre le mal de même quand on éprouve de la jouissance à s'impatienter c'est parce qu'on s'impatiente contre le bien d'une part » (L'impatience nous attire non pas parce qu'elle nous profite mais plutôt elle nous ment le plus souvent contrairement à la patience certaine éclairée). « Celui qui compte la patience, compte l'existence avec si le bon déroulement de l'existence passe par l'adoption de la patience quand il le faut certainement que non conseillée l'impatience n'est pas à adopter pour promouvoir l'avancée causale humaine » (L'avancée de la cause humaine est liée à la bonne adoption de la patience à la différence de l'impatience non conseillée).

La société et la politique

« La société est une nécessité pour la personnalité qui mise sur la vie en complémentarité : mieux nous reconnaissons la dimension complémentaire de la vie plus nous raffermissons la volonté sociale qui est à nous puis la recherchons à l'autre en sommes œuvrons pour le renforcement de l'intégration sociale » (La société est une nécessité lorsque nous jugeons au mieux l'importance de la complémentarité sociale entre les individus). « Dans l'intégration ce n'est ni la création et la récréation qui font défaut au juste l'intégration est un mélange de tout par conséquent elle permet de créer et de se récréer à des moments différents de la vie : au juste la vie sociale interactive est faite de la sorte à permettre l'amélioration de la condition socio-vitale des individus » (La vie sociale dans sa structuration permet à l'individu de créer et de se récréer en bien organisant son planning). « La volonté de la personnalité fait la beauté de la société » (La personnalité détermine la beauté de la société d'une part à travers la volonté qui l'anime ainsi que l'organisation qu'il apporte à sa vie). « La société, la politique ni l'histoire ne se font seules donc l'humain a sa touche dans l'organisation de la vie sociale de long en large qu'il le veuille ou pas son empreinte marque à jamais positivement ou négativement la direction qu'il souhaite donnée à son existence à travers l'identité qui est la sienne » (L'humain détermine la société dans laquelle il vit à travers son empreinte physique et psychique). « Autant la société fait la personnalité, la personnalité fait de même la société : dans la société tant on a des modèles comme nous sommes vus comme modèles positivement ou négativement » (La société est aussi le fruit de l'interaction exemplaire entre les individus qui voient les uns aux autres des modèles positifs ou négatifs). « Autant la personnalité évoluera la société évoluera avec s'il est réel que c'est l'humain qui fait la société donc l'humain n'évolue pas sans sa société » (La société humaine évolue en fonction de l'individu qui la pense, la coordonne l'inculque sa stratégie organisationnelle). « Dans la mesure où les sociétés d'hier sont différentes de celles d'aujourd'hui certainement que les réalités d'hier ne sont pas égales à celles d'aujourd'hui de la part des humains qui les animons parlant des sociétés donc aussi longtemps que la société sera le produit de l'humain elle connaitra des changements à des moments généralement cruciaux de la vie humaine chaque étape de l'histoire de la vie humaine s'exprime le plus souvent par un changement de personnalité, de mentalité et de réalité sociale avec » (Avec le temps généralement les réalités des sociétés changent en fonction des caractères des humains qui les façonnons). « A défaut de changer sa société on peut au moins changer sa personnalité à soi donc une charge de moins pour la société en quête de repère » (Peu qu'il soit notre effort est requis pour notre prospérité ainsi à défaut de pouvoir être l'acteur de changement de toute la société nous pouvons au moins changer notre société). « Celui qui se ment sur la société se ment sur sa personnalité ; aucunement le mensonge n'est productif une fois qu'il se veuille allusif ni pour soi ni pour autrui de ce fait le caractère qui constitue le plus grand tort pour l'émancipation de la société c'est le mensonge avec le tort, l'injustice qu'elle engendre dans le temps et l'espace » (Le mensonge n'est pas une qualité requise pour promouvoir la prospérité humaine). « Celui qui n'a pas de temps pour sa personnalité manque de temps pour sa société pour être utile à sa société commençons à être utile à soi-même » (Il importe à l'individu d'avoir du temps pour sa société pour promouvoir sa réussite dans la vie). « Une charge de moins pour soi est un espoir de plus pour la société : prenons nous en charge d'abord et puis sauvons la société ensuite » (On n'est pas un fardeau pour la société aussi longtemps qu'on la décharge de ses fardeaux). « Dans la société une fois mal gérée le fardeau ne peut que nous mettre à dos » (Le fardeau nous terrasse lorsqu'on le juge mal dans la société ; le fardeau dans ce sens c'est le défi social c'est seulement en bien s'instruisant que nous parvenions à les faire face avec intelligence). « L'importance de la société se traduit par la connaissance de la personnalité ainsi aucune société ne saurait manifester une importance quelconque en dehors d'une connaissance certaine de la part des individus qui la forge de ce fait mieux nous nous instruisons dans la société plus nous la consolidons en la servant d'atout intelligent » (La touche de l'humain est nécessaire pour l'amélioration de sa vie sociale). « Autre société autre personnalité, de la personnalité à la personnalité la différence se situe souvent au niveau de la société et de la mentalité comprise » (La différence est bien réelle entre les personnalités dans le cadre de la société si différemment les individus forgent leurs personnalités). « Ce qui profite au mieux à la société c'est la maturité de la personnalité de ce fait nul apport n'est autant recherché que celui de la lucidité pour bâtir une société prospère les individus qui ne se trompent pas de repère bâtissent à l'unissons une société prospère » (La maturité est l'essence de toute société prospère c'est donc aux individus de bien s'éclairer en vue de soutenir au mieux le projet de renforcement de leurs vies sociales). « Celui qui ne se comprend pas dans la société ne se défend pas dans sa personnalité, il est du ressort de toute personne éclairée de savoir se justifier dans la société de mieux se repérer ainsi de situer exactement son identité parmi tant d'autre dans la société en vue d'être utile à la société générale » (La confusion ne permet à personne de faire face à sa responsabilité dans la vie tout ce qui se nécessite pour l'amélioration de notre condition de vie générale c'est la connaissance pour mieux bâtir sa société). « La confiance à la société doit passer par la confiance en sa personnalité mieux l'on apprend à se connaitre à se faire confiance mieux nous nous fions à notre société puis posons des actes forts utiles rentrant dans le cadre stricte de notre épanouissement » (L'enlisement nous le combattons toujours en s'instruisant puis en œuvrant avec le produit de notre instruction). « La société nous échoue partout où l'on ne réussit pas dans sa personnalité dans la mesure où le résultat de l'erreur nous maintient en arrière pareillement l'humain qui ne réussit pas à bien forger sa personnalité dans la vie rate sa société » (La société nous la réussissons en bien-pensant notre vie).

La culture, l'espace et le milieu

« Le milieu c'est le milieu ni plus ni moins dans la mesure où du milieu au milieu si la différence est réelle c'est que le milieu n'est pas l'égal du milieu : aussi longtemps que les individus seront différents des individus les milieux aussi » (L'individu détermine le milieu dans lequel il se trouve). « On peut ne pas connaitre son milieu cependant on ne peut ne pas être sans milieu » (L'individu c'est le milieu). « Celui qui ne se trompe pas de milieu ne se trompe pas de vie » (Là où l'on se situe dans la vie on se retrouve dans son milieu). « Le milieu est important pour celui qui le veut évident » (L'importance dans le milieu nous la profitons en étant cohérent). « Le milieu fait l'heureux pareillement pour le malheureux plus nous sommes bien entourés mieux nous profitons de la vie moins nous sommes bien entourés moins nous en profitons » (La réussite de l'existence humaine dépend de son entourage d'une part ceux avec lesquels ils interagissent qui peuvent influer positivement ou négativement sur le cours de sa vie). « Autant nous consommons de notre milieu autant nous produisons pour notre milieu ; le milieu est toujours un espace d'échange d'interaction entre les individus qui s'influencent mutuellement à travers les faits et gestes qui rythment la vie sociale globale » (Les faits et gestes qui rythment la vie sociale demeurent des produits de consommation globale pour les individus dans la société). « Le milieu c'est le sérieux pour qu'il nous rende heureux » (Pour que le milieu nous favorise soyons sérieux en l'entretenant). « Ce n'est pas sans sérieux que nous vivions durablement dans le sérieux car le milieu est toujours déterminant de notre situation » (Nous déterminons notre vie dans le milieu partant de la philosophie circonstancielle qui nous anime). « La culture de la vérité se nécessite éternellement par l'humain dans le milieu dans lequel il se trouve s'il compte tirer profit de son existence il ne doit cependant pas vivre à l'encontre du profit de l'existence » (Dans l'existence il est utile pour l'humain de vivre cohérent pour profiter de leur milieu de ses retombées dans le temps et l'espace).

Le bonheur et le malheur

« La seule façon de vivre le bonheur n'est pas de vivre contre la façon du bonheur » (Tenir à la manière du bonheur est la manière lucide de vivre le bonheur dans la vie). « Celui qui ne se soucie pas de la connaissance ne se soucie pas de la suffisance fuit le bonheur avec seulement la lumière est l'assise du bonheur durable dans la vie car toute suffisance acquise dans l'insouciance est une insuffisance ignorée dans l'existence » (Le bonheur durable n'est négativement pas regrettable car étant prospère et raisonnable). « La lumière est bonheur » (Le bonheur durable est logiquement raisonnable dans le procédé). « Tout l'honneur est pour le bonheur » (Le bonheur traduit l'honneur vice-versa). « Autant le bonheur se pense différemment pareillement le malheur se pense ainsi » (Le malheur et le bonheur se pensent différemment dans la vie). « Seul tout est bonheur chez bonheur autant tout est suffisance chez suffisance » (La suffisance ou le bonheur possède la plénitude du bonheur dans ce cadre l'humain n'est pas suffisant en bonheur). « Autant il fait peur pareillement le malheur peut faire taire » (Le malheur peut faire taire tout comme peur). « Rien qu'avec l'erreur le malheur nous maintient en arrière, face à la réalité l'erreur fait le malheur ainsi sape la progression de l'individu » (Le malheur nous le vivons dans l'erreur qu'on le sache ou pas). « On s'impose le malheur partout où l'on compose avec l'erreur » (Le complice de l'erreur s'expose au vice). « Mieux l'on gagne du bonheur plus l'on monte en hauteur justement l'on soigne son parcours tout parcours éclairé est l'expression d'une existence satisfaisante : faites-vous justes ainsi vous jouirez aux mieux et cela durablement » (Nous situons au mieux le bonheur durable dans la sagesse existentielle). « Pour le bonheur on est prêt à faire la guerre même si souvent on se fait la guerre au lieu de faire sa guerre » (L'humain nécessiteux fait la guerre pour promouvoir son bonheur existentiel mais c'est la qualité de son engagement qui fait la différence entre la réussite et l'échec de son engagement). « Le cœur est bonheur si toutefois la lumière l'appui comme assise » (Le bonheur détermine le cœur dans sa dimension éclairée). « L'heure et la manière conjuguée font le bonheur dans l'existence » (Le bonheur dans l'existence tient à l'expression de l'heure et le bonheur). « Le bonheur mal pensé n'a d'égal que le malheur » (Une fois mal pensé le bonheur n'engendre que désagrément). « Rien ne justifie la souffrance qui ne se justifie pas contre la souffrance » (La souffrance qui se justifie contre la souffrance est juste une souffrance qui se détermine logiquement car son sacrifice nous importe sagement). « Malheur est aussi et surtout de ne pas reconnaitre le malheur ; la meilleure manière de se situer sur le bonheur est de ne pas ignorer le malheur » (Le bonheur permet justement de ne pas ignorer le malheur). « Malheur n'est pas s'attendre au bonheur sans pour autant combattre le malheur la meilleure manière de jouir du bonheur est de combattre le malheur » (Le combat du malheur, s'effectue pour promouvoir la réussite humaine en s'opposant au malheur). « Malheur est d'ignorer le malheur pour s'attendre au bonheur » (L'ignorance affaiblit l'humain dans sa vie dans la quête du bonheur). « Dans la production du bonheur tout comme du malheur le cœur et la manière sont déterminants » (Le cœur et la manière sont déterminants dans la vie). « La vérité sur le bonheur nous illumine la vérité sur le malheur c'est justement dans la connaissance du sens que nous ne manquions pas de référence en vue de nous situer positivement ou négativement » (Toujours la connaissance de l'individu est requise pour permettre à l'individu de situer son penchant pour le malheur ou le bonheur). « Le bonheur est l'émanation de la lumière dans le repère » (La lumière dans le repère traduit le bonheur dans la vie). « Malheur n'est pas de connaitre le malheur mais plutôt l'admettre, l'adopter le conforter dans la manière, après avoir compris le mobile du malheur le mieux est de le canaliser pour promouvoir le bonheur » (Ne pas persévérer sur la pratique du bonheur nous permet de réussir justement). « Point de bonheur sans sueur, point de sueur sans labeur : le renforcement du bonheur durable chez l'individu l'appelle à produire de l'effort nécessaire à la réalisation des actes salutaires lui concernant » (Le bonheur est salutaire et sacrificiel si nous le voulons durable). « C'est parce qu'il ne nous appartient pas que nous nous débattions pour l'avoir parlant du bonheur dans la vie » (La quête du bonheur passe par une voie précise qui rappelle à l'individu son insuffisance raison pour lui de passer par les moyens adéquats pouvant lui permettre d'atteindre le bonheur durable). « On est sagement bienheureux qu'éclairé » (L'instruction fait le bonheur certain). « Dans la vie si tout n'est pas que bonheur pareillement tout n'est pas que malheur, voulant fuir le malheur tout en se comblant du bonheur il importe pour l'individu de savoir que le bonheur n'est pas partout pareillement pour le malheur ainsi le bonheur en tout, le bonheur partout ; tout comme le malheur en tout et le malheur en tout relève de l'appréciation du fou » (Le sens lucide détermine à quel point le bonheur et le malheur s'opposent dans la vie de valeurs différentes). « Il ne faut seulement pas se décider pour vivre bienheureux mieux s'éclairer si nous volons le bonheur durable sans nul doute lumière est la manière du bonheur durable » (Le bonheur durable tient à une manière raisonnable). « Pour combattre le mal on peut certes éprouver du mal à combattre sans pour autant mal combattre sans pour autant s'abattre l'intelligence est suffisance dans l'existence » (La capacité de combattre le mal avec le malheur qu'il engendre passe par l'intelligence stratégique de l'individu). « Etre par derrière n'empêche pas de vivre le bonheur à condition que nous soyons par derrière quand il s'agit de commettre des manquements » (Commettre les manquements nous mène en arrière par rapport à l'atteinte du bonheur). « Le malheur ne nuit pas à celui qui ne le suit pas ; mieux nous suivons la lumière plus nous fuyons le malheur » (Le suivi par l'humain de la raison est une assise fiable lui permettant de bien réussir sa vie dans une dimension bienheureuse).

CHAPITRE II

TITRE DE NIVEAU II

La paix et la guerre

« Quand nous connaissons et nous combattons le plus souvent nous gagnons : plus que le cœur la guerre c'est aussi et surtout la manière » (La manière de combattre prouve la suffisance ou l'insuffisance de la stratégie guerrière de l'individu). « Le plus souvent une paix mal arrangée est une guerre latente qui finira par déranger ; l'important ne se limite pas seulement à vouloir la paix mais mieux à savoir comment faire la paix c'est fort de la conjugaison du savoir et du vouloir que la paix s'établisse durablement » (Nous établissons durablement la paix en maitrisant objectivement les mécanismes concourant à l'acquisition d'une paix durable le plus souvent). « La paix d'un jour ou la paix du détour nous prépare à la guerre pour toujours » (Nous nous acheminons vers la guerre pour l'éternité en pensant aveuglement la paix à moins qu'on se ravise à mi-chemin). « Autant erreur est de ne pas faire la guerre pareillement erreur est de ne pas faire sa guerre car dans cette situation on se fait la guerre : une fois vivant la question n'est plus de savoir si nous nous battons ou pas mais plutôt si l'on fait sa guerre ou si l'on se fait la guerre » (La vie est combat l'humain à défaut de faire sa guerre se fait la guerre en fonction de la stratégie guerrière qu'il épouse dans le temps et l'espace de façon évolutive). « Combattre d'accord mais connaitre d'abord mieux vaut ne pas combattre que de combattre sans raison » (Le combat a une raison qui s'oppose à la raison de l'illusion si nous souhaitons tirer profit de notre engagement aventurier). « A chaque guerre sa cause à chaque cause sa guerre » (La guerre ne manque pas de cause la cause fait la guerre). « La vie n'a autre raison que de combattre mais comment cela dépend de qui nous sommes de même que ce qui nous intéresse en bien ou en mal : une fois vivant à défaut de faire sa guerre on se fait la guerre » (L'individu à défaut de faire sa guerre se fait la guerre une fois vivant). « La guerre c'est le cœur et puis l'acteur » (L'acteur et le cœur font la guerre). « C'est toujours de bonne guerre de ne pas manquer de combat et de juste combattre le manque » (La bonne cause recommande à ce qu'on ne manque pas de combat puis combattons le manque). « Celui qui ne se trompe pas de guerre ne se trompe pas de manière c'est bien précise que la manière nous protège du revers » (La manière nous protège du revers en nous permettant de bien combattre une fois bien pensée). « Connaitre la guerre c'est pareillement connaitre la paix » (La guerre se connait pareillement que la paix ce qui déduit que dans l'ignorance de la guerre nous ne faisons pas la paix). « La paix de tous les dangers est la paix qui ne s'oppose à aucun danger se mentir sur la paix ne peut que nuire à la paix vivement la paix ne se construit pas sur le mensonge mais plutôt la vérité oui » (La vérité seule construit la paix en toute lucidité). « La sincérité dans la personnalité incarne la paix pour l'humanité » (La paix pour l'humanité émane de la sincérité pour la personnalité). « Celui qui fuit la vérité fuit la paix avec ; la paix c'est la vérité il n'y a pas de paix sans vérité » (La vérité seule mène à la paix durable). « Faire la paix c'est connaitre la guerre » (Celui qui connait la guerre s'arrange à faire la paix). « Partout où règne l'ignorance règne la guerre » (La guerre règne là où règne l'ignorance). « La paix fait honneur dans la mesure où elle s'impose avec lumière » (La paix est le produit de l'honneur acté). « La paix n'est pas l'effort d'un jour ou d'une personne plutôt elle recommande la volonté conjuguée de l'humain à l'interne tout comme à l'externe pour promouvoir la stabilité générale » (La paix renforce la stabilité sociale en maintenant l'équilibre social). « Ce qui s'oppose à la paix c'est ce qui alimente la guerre, il n'y a nulle manière de concourir à la paix qui peut se passer de la sincérité dans le fait » (La sincérité dans le fait renforce la grandeur de la vie humaine). « La chance s'opère par la guerre tout comme par le cœur dans l'existence, pour produire l'abondance il faut contenir l'insuffisance mieux nous combattons plus nous nous renforçons en matière de chance tout comme d'importance » (L'importance tout comme la chance émane de la guerre, du combat intelligent). « Autant on apprend à combattre pareillement nous apprenons en combattant » (L'individu apprend à se défendre puis apprend en se défendant). « Dans la mesure où on ne fait rien sans guerre c'est que la guerre n'est pas rien : une fois vivant la question n'est pas de savoir si nous nous battons ou pas mais plutôt si on fait sa guerre ou si l'on se fait la guerre » (La guerre est vitale ce qui traduit le fait que la vie est un combat). « La vie est une guerre dans laquelle les combats n'ont pas la même dimension, les mêmes portées ne se font pas pareillement ni ne se gagnent semblablement certes si l'engagement nous assure certaine victoire dans la vie également le désengagement à son mot à dire souvent l'importance est de savoir quand, comment et pourquoi s'engager et puis se désengager ? » (La vie est une guerre dont les multiples batailles se jouent autour d'enjeux différents c'est au combattant d'être prudent et de savoir intelligemment quelles stratégies guerrières appliquées face à un défi quelconque il a le choix entre s'engager et se désengager suivant bien la raison pour que sa décision lui soit utile). « La vie n'enseigne pas qu'une expérience mais des expériences à travers les multiples théâtres de guerres dont assistent ou participent activement le vivant guerrier qui à défaut de faire sa guerre se fait logiquement la guerre puis s'améliore continuellement en apprenant de ses erreurs s'il en a la vocation » (La vie se déroule autour de différentes expériences guerrières que mènent activement ou assiste l'humain positivement ou négativement). « Aussi longtemps que les humains ne suivront pas la même manière ils se battront différemment » (La différence dans l'intérêt explique la différence dans la guerre). « C'est parce que le corrompu se reconnait dans la corruption qu'en combattant la corruption nous lui trouvons devant notre chemin tentant souvent de saper notre progression ainsi nous reconnaissons vivement que nous faisions la guerre pour ce qu'on a dans le cœur » (La guerre que nous menions est fonction de la position que nous défendions). « L'essentiel est de ne pas se tromper de guerre pour se combler dans la guerre » (Le fait d'être précis dans sa guerre nous permet de la profiter logiquement). « Celui qui ne se bat pas contre le tort se bat à tort au juste nulle cause n'est plus juste pour l'humain que de s'engager pour une cause salutaire pour l'individu s'opposer intelligemment à l'erreur nous ouvre la voie à l'honneur certain » (La cause noble pour l'individu intelligent est de se battre pour les bonnes causes). « Une cause défendue est une cause perdue chez l'homme perdu car outre que le cœur la guerre c'est la lumière pour qu'elle nous rende meilleur » (La rentabilité d'une guerre dépend de la responsabilité du guerrier). « Les amis font la guerre sans qu'ils ne se fassent la guerre sans ambages l'amitié c'est l'unité dans la diversité » (Les amis s'entraident à surmonter les défis de la vie sans pour autant qu'ils ne constituent des obstacles les uns pour les autres). « De cœurs différents de guerres différentes, la différence dans le cœur tout comme dans la manière ne s'exprime autrement que par une différence dans la guerre » (Logiquement la couleur de notre guerre détermine celle de notre cœur). « Nullement le mal ne nous enseigne comment le combattre raison pour laquelle le mal ne vainc pas le mal par contre le renforce celui qui souhaite tirer profit de sa guerre la rend précise car c'est en combattant le mal et non en combattant mal que nous gagnions contre le mal » (Le salut est la seule chose requise dans la stratégie guerrière humaine en vue de ne pas compromettre l'avancée de l'individu). « La connaissance de la vie se fait consécutivement avec celle de la guerre car la vie est un combat » (La connaissance de la vie nous éclaire sur sa dimension hautement combative). « Dans l'impossibilité de ne pas s'empêcher de combattre dans la vie alors tenant à la vie le mieux pour l'individu est de savoir choisir son combat » (La maturité de la sélection de la dévotion de l'humain dans la vie impacte positivement sur la réussite de celle-ci). « On est souvent compris dans sa guerre sans qu'on ne comprenne la guerre ou qu'on ait la volonté de s'exposer dans la guerre on ne devance pas des pieds celui qui nous devance de la tête : avant la guerre des pieds il y a celle des têtes la guerre c'est en premier sur le plan psychique que ça se joue ainsi vient le reste » (La réussite d'une guerre se joue d'abord sur le plan mental avant celui matériel). « Quand la vie nous convient la guerre aussi car il n'y a pas de vie sans combat » (La préférence de l'existence s'accompagne de celle de la guerre).

La vérité et le mensonge

« La vie est une réalité même si tout ne relève pas de la réalité dans la vie » (La vérité commence d'une part par la reconnaissance de la réalité sur l'existence que nous menions). « Aussi longtemps qu'on se mentira sur la vie elle nous décevra car pour ne pas se tromper de solution il faut savoir quel calcul faire » (L'imprécision sur l'appréciation de la vie et ses conditions nous déchante permanemment dans nos attentes). « Quand la vérité nous fait attendre ce n'est pas pour nous décevoir : la récompense du bon sens est la suffisance » (La suffisance récompense sagement le bon sens acté). « La vérité n'abandonne pas celui qui ne s'abandonne pas voilà pourquoi nul n'est logique en déraisonnant » (La vérité est la logique qui tient à la raison bien plus qu'à la déraison). « La connaissance du mensonge ne se fait pas à l'encontre de la vérité de la connaissance en tout la vérité éclaire sur tout sans complaisance : il n'y a pas une demie vérité quand la vérité y est mais plutôt une vérité pleine » (L'incontestabilité de la réalité découle de la logique qu'elle suive). « Celui qui ne manque pas de temps pour la vérité n'en manque également pas pour sa personnalité : être concret dans la vie est un signe de responsabilité pour sa personnalité » (Le respect pour la personnalité de l'humain lui recommande d'être concret dans la vie). « N'empêche qu'il existe contre la réalité le mensonge existe en réalité : le mensonge est une réalité qui existe contre la réalité » (Toute la réalité n'est pas expliquée par le mensonge car il s'oppose à la réalité). « Celui qui ne veut pas réussir durablement peu bien se mentir puis il s'assure sans droiture aucune dans l'ouverture » (Partant du mensonge nous ne promouvons aucunement pas la réussite durable). « La vérité est une chance raison pour laquelle aucune chance ne s'efforce contre la vérité : toute la chance est dans le bon sens en tout et pour tout » (La chance certaine est inclue dans la recommandation de la vérité). « Le combat de la vie ne se gagne pas dans l'ignorance dans l'avis » (L'ignorance dans l'avis n'aide nullement à mener le combat de la vie). « Une chose est certaine le mensonge est incertain : la vraie certitude sur l'incertitude demeure qu'elle reste de l'incertitude » (L'incertitude reste de l'incertitude c'est cela la vérité). « Le combat est une réalité, la réalité est un combat la vie en est une également » (L'individu vit autour de la guerre globale de la vie selon ses dimensions). « La seule à alternative à la guerre dans la vie c'est la guerre ni plus ni moins : il n'y a pas d'alternative à la guerre si ce n'est la guerre car la paix est une guerre bien pensée » (La guerre est incontournable réussie ou pas). « Quand la vérité nous réussit la vie nous réussit avec la solution durable aux préoccupations de la vie c'est la précision dans la réflexion ni plus ni moins » (La précision dans la réflexion de la vie de l'individu lui permet d'avoir une solution durable). « Plus important que l'évident se trompe de temps » (L'évident ne se trompe pas de sens raison pour laquelle il est important). « Celui qui combat la vérité n'est véridique dans son combat » (Le combat de la vie est celui de la vérité). « Celui qui choisit mal son combat entreprend mal sa vie : une vie réussie est l'expression d'un combat éclairé » (Le combat éclairé fait la vie certaine). « L'évidence est insistance et assistance » (La persévérance et l'insistance détermine la vie humaine). « La vérité se vit plutôt que ne s'évite raison pour laquelle toute avance acquise sans la réalité est un retard qu'on accuse sans le savoir » (Nous accusons exclusivement du retard à travers le mensonge). « Quand le mensonge nous arrange c'est qu'on ne s'arrange pas » (Le mensonge n'arrange pas celui qui souhaite s'arranger). « La connaissance du mensonge assainit l'abondance dans la vie si notre volonté est de s'épanouir après connaissance du mensonge nous nous en éloignons pour notre suffisance » (L'éloignement de l'individu du mensonge lui permet d'assoir l'autorité de sa vie dans la vérité). « Seule la vérité est amplement méritée étant suffisante en soi justement rien ne manque en la réalité » (La réalité n'a rien de manquant raison pour laquelle elle est entièrement suffisante). « Au juste tout est éclairé chez la vérité raison pour laquelle elle est la solution aux multiples défis de l'existence » (La vérité est éclairée en tout puis permet de nous éclairer sur tout). « Toute le mérite de la personnalité est inclue dans la vérité gage de dignité certaine » (La dignité certaine émane de la vérité absolue une fois recherchée dans le comportement). « La vérité n'est pas sans utilité car elle ne s'oppose à aucune utilité : tout de véridique est utile, tout d'utile est logique » (Une fois requise la vérité renferme largement la suffisance dans le sens puis nous sert d'utilité). « Moins nous tenons à la vérité plus nous nous éloignons de la maturité finalement nous tombons dans l'incapacité » (L'individu tombe dans l'incapacité en n'opérant pas mieux dans la vie). « La vérité est mesurée » (La vérité est justement mesurée comparée au mensonge). « La vérité n'est pas que décidée mieux elle est mesurée » (La vérité en plus d'être décidée est bien mesurée). « Dans la mesure où nul n'est véridique à tort c'est que la vérité ne s'opère pas à tort mais plutôt contre le tort » (La vérité recommandée ne s'opère pas à tort mais plutôt contre le tort). « Dans la mesure où c'est dans l'ignorance que la connaissance est non-sens pareillement c'est dans le mensonge que la vérité est démesurée une fois réussie dans la possibilité de situer la lacune de la vérité c'est que nous nous trompons dans le mensonge surement nous l'ignorons » (L'ignorance de la vérité nous donne la possibilité de la critiquer ou de chercher à situer sa lacune alors que ce n'est pas le cas elle est suffisante). « On ne peut mieux aider qu'à partir de la vérité » (Partant de la vérité bien sur nous aidons bien). « Quand la vérité ne nous aide pas c'est qu'on ne s'aide pas » (La vérité aide celui qui s'aide). « Aimons la vérité ainsi nous nous aidons certainement » (La vérité n'aide pas celui qui ne s'aide pas l'amour de la vérité détermine la grandeur de la personnalité). « Celui qui se conseille la vérité se conseille la réussite avec étant donné que le concret est le sens incontournable à tout progrès » (Le sens concret est incontournable au progrès humain). « Le choix de la vérité ne s'exclut pas de celui de la réussite raison pour laquelle la vérité est réussite pareillement la réussite est véridique » (La réussite et la vérité se conjuguent parfaitement). « La vérité n'a pas une fin qui nous laisse sur notre faim raison pour laquelle elle est totale et s'accomplit ouvertement » (La vérité s'accomplit ouvertement ainsi elle suffit largement comme preuve comparée au mensonge). « La vérité est la qualité de la dignité pour la personnalité en toute réalité » (La personnalité n'a autre dignité que la contribution de la vérité). « Partout où la vérité contribue c'est pour le mieux » (La vérité ne contribue pas mal en contribuant à l'encontre du mal). « Il n'y a qu'une seule vérité c'est la vérité ni plus ni moins, seule la vérité de la vérité réussit justement » (La vérité sincère seule s'accomplit logiquement). « La vérité sur le mensonge nous atteste que le mensonge nous cache la vérité sans qu'il ne se cache à la vérité » (Le mensonge nous cache la vérité on peut ne pas le savoir alors que c'est cela la vérité). « Dès lors qu'on est décidé avec le mal on est décidé à se faire du mal, celui qui se décide contre le mensonge se décide bien par contre celui qui se décide avec se décide mal » (L'individu qui se décide n'ont pas à l'encontre du mal mais plutôt avec se fait du mal en décidant). « Le mensonge est décidé à tort voilà pourquoi il n'est pas décidé contre le tort » (Le mensonge se décide contre la raison ainsi il est décidé à tort). « Le danger de la vérité est qu'il n'y en a pas tant qu'elle s'oppose à la vérité » (La vérité qui s'oppose à l'enjeu est une vérité sagement réussie). « Aussi longtemps que le mensonge nous plaira la vérité nous gênera dans la mesure où il est impossible de profiter à la fois de l'impact du mal et du bien » (Celui qui souhaite profiter du mensonge s'oppose à la vérité).

Le travail et le chômage

« Etre chômeur est amère » (Le chômage se déguste amèrement). « C'est bien travailleur qu'on est sauveur ; comparé au chômage le travail prend toujours le dessus » (Le mieux pour l'individu est de savoir bien travailler dans la logique où le travail surclasse le chômage). « Le chômage n'est pas sans blocage » (Le chômage est facteur de blocage dans la vie humaine). « Ce qui accroit le chômage d'une part ce n'est forcément pas l'absence du travail mais aussi et surtout c'est l'égoïsme des travailleurs à se soutenir les uns les autres en vue de promouvoir les opportunités ouvrières combiné au rejet de certaines opportunités ouvrières de la part des travailleurs concernés de ce fait en vue de bien résorber le problème du chômage l'accent doit-être mis sur une chose qu'est la justesse comportementale être juste envers soi-même de même qu'envers ses contemporains » (Il est utile d'être juste envers soi-même pareillement envers c'est contemporains donc la lucidité organisationnelle de la vie humaine lui permet de combattre l'égoïsme puis de ne pas s'abstenir d'un travail jugé indécent alors qu'il ne l'est pas en sommes en cultivant la justice comportementale). « Aussi longtemps que la vie sera un combat le travail rythmera les différentes étapes des batailles se succédant dans la vie » (La vie est un combat et le travail est un support certain pour le combat de la vie). « Celui qui se trompe de combat se trompe de travail avec alors que la retombée d'un travail pareillement au combat est fonction de la manière dont on les pense » (Notre coloration idéologique a son mot à dire sur la nature du combat que nous menions puis de celle de la retombée que nous attendions de notre acte posé). « Le travail est un combat qu'on entretienne contre l'assaut du chômage, le travail est un devoir pour toujours aussi longtemps que l'individu ne sera pas à l'abri du chômage dans la vie » (Le travail nous importe en terme de combat nous protégeant au mieux de l'exposition du chômage dans la vie). « On doit faire son travail en plus de faire le travail pour que le travail nous profite celui qui ne se trompe pas de travail se verra comblé par son travail » (Le travail utilement profitable ne s'exerce pas dans l'erreur). « Le travailleur est digne comme repère partant du point où le travail libère l'humain » (Le travail libérant l'individu nous permet de connaitre la dimension référentielle du travailleur). « Ce n'est pas chômeur que nous combattions le chômage mais plutôt travailleur : au moins chômeur nous possédons nos méninges pour au moins penser et cela est une chose remarquable suivant une cause remarquable qu'est la lutte contre le chômage ainsi le travail n'est seulement pas que matérielle et immatérielle raison pour laquelle le chômeur éclairé a assez de chance de se départir du chômage dans la mesure du possible » (Le chômage nous le combattons en travaillant en constituant une sentinelle contre la cause qui le consolide). « Celui qui ne vit pas le chômage en blocage n'est pas prêt à travailler, aussi longtemps que le malade ignorera qu'il est malade c'est qu'il en est loin avec la recherche d'une solution adéquate pour son mal dans un premier il convient qu'il se rende compte de la dimension de la maladie pour ensuite apporter la solution convenable à son mal » (Le chômeur doit-être conscient et engager pour l'acquisition d'une solution adéquate pour l'amélioration de sa condition en travaillant). « C'est en travaillant qu'on est vaillant » (Le travailleur est vaillant si la volonté de bien œuvrer ne lui manque pas). « Le travailleur c'est la valeur pareillement au chômeur de la différence des valeurs se traduit la différence entre le travail et le chômage : certes si chômeur où travailleur nous incarnons une valeur cependant la valeur du chômage n'est pas égale à celle du travail » (La différence entre le chômage et le travail vient de la différence de sens). « Le travailleur est sauveur parce qu'il est nettement rêveur autant le travail renforce la capacité de l'individu clairement dans le bon sens autant le travailleur est clair en s'exécutant pour promouvoir l'émancipation générale » (Le travail est hautement honorable si le travailleur est capable et raisonnable dans sa donne). « Même travailleur si nous essuyons souvent des revers il est bon d'être travailleur le mieux est pour le travailleur qui se trompe de cap de rectifier son tir de changer de fusil d'épaule puis de bien faire son travail dans la logique où la seule alternative au travail c'est le travail dans la vie pareillement à la guerre » (Le travail et la guerre font partie de la vie humaine ainsi l'humain n'a pas d'alternative à ses deux valeurs sociales). « Meilleur on est travailleur ainsi nul n'est meilleur sans sueur pareillement nul n'est meilleur sans labeur » (L'intelligence opérationnelle dans la vie détermine la position du travailleur). « Celui qui qui choisit de vivre travailleur choisit pareillement de vivre lutteur dans la vie le travailleur fait sa guerre comparée au chômeur » (Le travailleur fait une guerre juste comparée au chômeur qui s'il ne se prive pas de faire la guerre reste sur la voie du travail, une chose déjà acquise par le travailleur). « Le chômeur peut-être rêveur mais généralement il est limité dans son rêve car n'ayant pas le moyen de le réaliser parce qu'il est limité dans sa capacité » (Le chômeur peut rêver tout en étant limité dans sa position car le chômage est une limite dans l'expression de l'ambition humaine). « Le chômeur à jamais se prive de l'honneur à jamais celui qui ne veut pas travailler dans la vie fuit le chômage dans sa lutte » (Le chômage à ne pas finir n'est pas au profit du chômeur exprimant le déshonneur à son encontre). « Seulement je ne suis pas fier d'être chômeur car chômeur je ne me rends pas service je ne me fait pas meilleur » (Le chômeur ne se fait pas meilleur cela dit le travail par contre permet de stimuler la recherche de l'excellence chez l'humain comparé au chômage). « Humilité oblige, travailleur on n'est pas meilleur mais nous visons l'excellence partant du bon sens comme référence s'engageant à faire notre guerre et non pas à se faire la guerre » (L'humilité certaine appelle constamment le chômeur à renforcer la culture de l'excellence en soi sans pour autant faire de l'outrecuidance). « Le travail est sur mesure pour qu'il nous serve d'ouverture c'est partant de la juste mesure que le travail nous appui avec assurance » (Nous n'attendons rien d'autre d'un travail durable que d'être cohérent). « Certes on peut avoir mal à travailler cependant on ne travaille pas pour se faire mal si toutefois notre objectif recherché du travail est qu'il nous garantisse l'indépendance dans l'existence » (L'indépendance du travail ne se fait pas derrière une assise de nuisance de la part du travail car il se rend service en bien mesurant ce qu'il doive faire pour ne pas s'en faire). « Même après avoir accusé un revers, travailleur on doit se tenir débout pour réussir face au défi de l'existence » (Le travailleur ne doit pas manquer de courage pourvu que sa voie soit noble pour bien s'honorer).

La chance et la malchance

« Toute la chance est dans l'évidence ne pas le savoir c'est ne rien savoir ; là où la suffisance nous importe l'évidence doit logiquement nous importer avec » (La chance nous la cultivons puis l'accroissons partant de l'appui de l'évidence). « Nous ne gagnons pas la chance en ignorant la malchance ; toute avance réussie dans la chance est une connaissance réussie sur la malchance » (La chance certaine est soutenue par la connaissance de la malchance car c'est en connaissant la cause du mal que nous l'évitions). « Plus l'on accroit sa connaissance plus l'on maximise sa chance l'humain qui connait plus se rend beaucoup plus chanceux : la connaissance est une chance » (La chance est dans la connaissance mieux vaut s'instruire continuellement pour savourer bien plus de chance). « Il n'y a pas d'assurance dans la malchance car la malchance est non-sens, celui qui entretient l'ignorance entretient la malchance avec » (La malchance nous l'entretenons avec l'ignorance comme assise). « C'est une malchance de ne pas connaitre la malchance d'une part étant donné que venant de l'ignorance on attend que de l'insuffisance » (La chance focale est dans la connaissance certaine comparée à l'ignorance dans la mesure où celle-ci est mobile de malchance). « La chance sans détour tout comme la chance qui ne nous joue pas de mauvais tour héberge dans la connaissance pour toujours » (Nous maximisons notre chance en poussant notre connaissance avec). « La chance de la malchance est la chance de l'ignorance, quand l'ignorance rend chanceux c'est pour après rendre malchanceux » (L'ignorance ne rend pas chanceux mais malchanceux oui car elle est insuffisance comme référence). « Pour que la chance nous rassure avec importance il est important de connaitre la malchance » (La connaissance de la malchance sert avec importance la chance dans la vie). « On n'attend pas la chance seulement mais mieux l'on s'emploie à la produire si nous la voulons durable » (La chance durable nous opérons pour la réaliser et non ne l'attendons sans rien faire ce qui veut dire que l'humain a sa part de responsabilité dans le cadre de promotion de la chance vitale). « La chance est exigence s'il convient à l'acteur d'œuvrer pour la consolider pour qu'elle soit à notre avantage ainsi nous ne parvenons pas à gagner la cause de la chance en soi et pour soi sans pour autant encourager le gage de l'exigence » (Le gage de l'exigence détermine le sens de la chance en toute connaissance). « La chance bien mesurée ne peut que rassurer ainsi partant de l'ouverture de la droiture la chance nous renforce nous conforte plutôt qu'elle ne nous désole partant de la référence du bon sens qui l'incarne » (La chance c'est la mesure qui s'oppose à la démesure). « L'existence c'est la chance mais aussi la malchance en fonction du sens que nous donnions à notre personnalité nous vivons la suffisance ou l'insuffisance dans l'existence » (L'humain est pour quelque chose dans le cadre de la détermination de sa dynamique chanceuse ou malchanceuse dans la vie). « La chance de tous les dangers est la chance qui ne nous protège d'aucun danger » (La chance qui ne s'oppose à aucun danger est logiquement une chance incertaine). « La chance n'est pas ce qui empêche qu'on avance si toutefois nous ne la méprenons pas à la malchance » (Bien précise la chance n'empêche pas qu'on avance étant bien opposée à la malchance). « L'inconscience contrairement à la conscience est l'auberge de la malchance faisons-nous bons ainsi nous profiterons largement de la chance dans l'existence » (L'individu qui se fait bien dans la vie profite mieux de la chance qui se cultive par son comportement). « Partout où l'ignorance ne nous dérange pas la malchance ne nous dérange également pas avec en connaissance de cause dans la mesure où l'ignorance est l'assise de la malchance » (L'individu éclairé doit bien s'investir à cultiver en soi le choix du bon sens en vue de canaliser les assauts de l'ignorance dans l'existence). « La malchance n'a pas d'importance autant l'ignorance n'en a pas avec cependant en l'entretenant à valeur égale que la connaissance on accroit la malchance en soi et contre soi car celui qui entretient l'ignorance dans la vie l'entretient sûrement à l'encontre de sa vie » (Nous entretenons l'ignorance contre notre vie et non pas à sa faveur). « Autant la vie est une chance elle n'est pas que chance » (La vie est une chance n'étant pas contre la chance même si elle est faite souvent de malchance). « La chance est pertinence que de suffisance dans la chance avec évidence » (La pertinence dans la vie revient à la chance dans l'existence). « L'absence de l'autorité chez la personnalité est un vivier pour la malchance le plus souvent la malchance de l'humain ne s'entretient pas à son insu ce qui déduit le fait que ce qui nous fait souffrir est souvent fonction de ce qu'on opère » (L'individu souffre souvent de malchance en fonction de ce qu'il pose). « La chance est imposante raison pour laquelle elle n'est pas blessante par rapport à la malchance n'importe qu'elle ne se cultive sans souffrance aucune car tout d'utile est difficile » (La difficulté de l'utilité nous fait savoir l'utilité de la chance de la cultiver dans la vie). « La malchance est la chance de l'insuffisance tout comme l'insuffisance dans la chance, ce n'est pas parce que la chance ne nous importe pas que la malchance nous désole mais plutôt il y a une manière de l'entretenir laquelle ignorée ne peut que nous décevoir la chance est un espoir qui ne se cultive pas dans le désespoir de la malchance » (La chance se conçoit puis s'épaule à l'encontre de l'essor du désespoir). « La chance et la malchance ne riment pas dans la structuration ce qu'il faut de ce fait entreprendre pour conforter la chance n'est pas la même chose pour la malchance). « La chance fait l'honneur autant l'honneur s'accroche à la chance pourvu qu'on ne se trompe pas de manière pour renforcer l'humanité en soi mieux l'on se comporte plus on est chanceux » (L'individu que nous sommes est chanceux en fonction de l'importance qu'il donne à sa façon d'être). « La chance pour l'éternité se conçoit à l'encontre de la malchance dans la personnalité retenez-vous de ce qui vous rend malchanceux ainsi la chance vous comblera si la chance n'est pas rien certainement qu'il faut faire quelque chose pour l'avoir » (La chance nous ne l'obtenons pas à partir de rien mais plutôt en bien opérant dans la vie). « La chance ne s'oppose pas au devance dans l'existence car c'est bien pensée que la chance promette l'avancée dans la vie : nous nous trompons de chance partout où nous la pensons à tort ne la faisant pas pour nous combler »

(La chance nous comble en ne la méprenant pas ne faisant pas ce qui rentre dans le cadre de la malchance).

La dépendance et l'indépendance

« C'est justement bien réfléchie que l'indépendance est réussie » (L'indépendance de la réussite ne s'oppose pas à la précision comme direction). « L'indépendance a une dimension nettement sacrificielle pour celui qui la pense juste dans sa vie dans la mesure où il n'y a pas de jouissance sans souffrance pareillement il n'y a pas d'indépendance sans souffrance, pour vivre indépendant sachons que faire face à la dépendance, celui qui sait contenir la dépendance s'assure bien l'indépendance » (L'acquisition de l'indépendance revient de la part de l'individu de savoir contenir la dépendance en soi tout comme choix). « On est toujours dépassé par la dépendance qui nous fait dépenser pour le non-sens en tout et pour tout seule la dépendance à l'ignorance ne garantit pas la suffisance dans l'existence justement pour conquérir l'indépendance sachons recourir à l'évidence comme référence ni plus ni moins » (La référence du bon sens est la seule valable pour promouvoir l'indépendance certaine humaine). « La connaissance est une arme efficace pour recouvrer l'indépendance car nullement la dépendance ne se combat face à l'ignorance de sa cause vivement la connaissance qui nous éclaire mieux sur la dépendance et ses séquelles nous permet de renforcer le grain d'indépendance qui est en nous : la liberté d'accord mais la maturité d'abord » (La maturité de l'indépendance riment avec la liberté dans la vie). « La dépendance n'a pas d'importance partout où elle s'oppose à l'importance raison pour laquelle seule la dépendance à l'évidence nous mène à l'indépendance à part cela toute forme de dépendance conduit à la déchéance de l'humain » (L'indépendance ne s'acquière pas sans pour autant qu'on ne s'oppose à la cause de l'ignorance car seule l'intelligence promet l'évidence). « Partout où la liberté nous importe la vérité nous console car il n'y a pas de liberté sans vérité vice-versa : soyez logique ainsi vous profiterez de bénéfices » (Les bénéfices utiles de la vie recommande la maturité de l'individu à être bénéfique dans sa marge). « L'évidence sur l'indépendance est qu'elle ne s'oppose nullement pas à l'évidence mais concoure avec, l'évidence ne réussit pas à celui qui ne se comprend pas » (Quand on ne se comprend pas l'évidence ne peut nullement pas nous être utile). « C'est toujours chanceux et avantageux de vivre indépendant avant cela il nous convient d'être éclairé ce qui déduit le fait que l'indépendance ne s'acquière pas mais se cherche ; s'envie puis se renforcer dans la vie à jamais » (Le processus d'acquisition de l'indépendance dans la vie est fonction de l'éternité dans la démarche de l'acteur on doit se perpétuer sur le chemin de l'indépendance pour qu'elle nous réussisse). « L'indépendance n'abandonne pas celui qui ne s'abandonne pas, l'humain amoureux de l'indépendance est bien sérieux pour sa dignité, soigne sa volonté tout en étant regardant pour sa liberté dans ce cas s'exécuter pour la liberté ne recommande autre que de s'activer pour l'exemplarité positive car la liberté durable émane de la dignité humaine » (Il est utile pour l'homme de bien concourir au renforcement de sa personnalité pour qu'il ait un engagement certain dans le cadre de raffermissement de liberté lui concernant et de façon générale allant dans l'échelle sociale). « L'important n'est pas de se croire indépendant mais de se faire indépendant bien plus que le dit l'indépendance c'est le fait » (L'action détermine l'indépendance bien plus que la parole seulement). « Celui qui a tout de convaincant a tout d'indépendant » (Nous convainquons partant de la marque de l'indépendance s'exprimant à notre faveur). « La dépendance n'exclut pas l'indépendance partout où elle s'associe à la connaissance, à l'évidence vivier de suffisance : ce n'est nullement pas parce qu'on est dépendant qu'on n'est pas indépendant à condition qu'on sache bien situer sa dépendance : seule la dépendance au bon sens promet l'indépendance durable » (La dépendance bien pensée concoure à la promotion de l'indépendance durable). « La dépendance n'a autre condition que de s'opposer à celle de l'indépendance une fois mal réfléchie : la dépendance à l'ignorance c'est bien la dépendance de toutes les souffrances » (La condition de l'indépendance s'oppose à la dépendance à l'ignorance). « Quand la vérité ne nous suffit pas c'est que l'indépendance ne nous suffisse pas car l'indépendance durable est dans l'évidence certaine » (L'évidence certaine est la seule assise qui conforte l'indépendance vitale). « Evident on est indépendant » (L'indépendance est dans l'importance de l'évidence). « Quand la dépendance nous profite certainement que nous nous trompions de profit » (La dépendance ne nous profite pas partout où elle n'a autre assise que l'ignorance). « Dépendre de l'ignorance c'est également défendre l'ignorance » (Nous dépendons de l'ignorance en nous opposant à l'indépendance). « L'indépendance n'est pas ce qu'on pense si ce qu'on pense s'oppose au bon sens » (L'indépendance ne s'oppose pas au bon sens pour promouvoir la stabilité mieux elle s'oppose avec l'évidence). « L'indépendance est la récompense juste de l'évidence dans le sens ainsi on ne l'aura pas partant du concour du non-sens faites-vous justes ainsi vous réussirez à vous équilibrer logiquement » (Tout porte à croire que l'indépendance durable est dans la connaissance puis l'adoption certaine des recommandations de la précision). « Sans indépendance a moins d'assistance, l'indépendant s'assiste parce qu'il se suffit à souhait » (L'indépendance c'est la suffisance dans l'espérance). « Celui qui se soucie pour l'indépendance ne se soucie pas pour la dépendance sait bien se justifier dans son souci » (La positivité dans le souci détermine également la raison pour laquelle nous nous soucions, ainsi l'inquiétude pour la bonne cause participe à renforcer l'indépendance et la stabilité de l'humain). « Quand le mal nous libère à l'image de l'ignorance c'est pour après nous emprisonner » (L'ignorance ou le mal nous libère à tort » (L'indépendance certaine nous ne l'acquérons pas à partir du mal mais plutôt en bien se résolvant contre le mal comportemental). « La dépendance est l'absence du bon sens partout où elle s'accroche à l'ignorance pour consolider la déchéance dans l'existence » (L'assise de l'ignorance appuie la dépendance de la déchéance).

La lecture et l'écriture

« C'est bien d'être écrivain mais c'est mieux d'être certain » (La certitude détermine la maturité de l'écriture puis la grandeur de l'écrivain). « L'écriture est une école non seulement pour l'écrivain mais aussi et surtout pour le lecteur réciproquement du processus de l'inspiration jusqu'à la rédaction d'un ouvrage passant par la dégustation intellectuelle c'est de la culture qu'il est question ce sont les compréhensions qui se rencontrent autour d'un objectif précis qui est l'écrit qui en plus d'éclairer les lanternes des uns et des autres de part et d'autres est sujet à l'amélioration également venant des lecteurs la concernant ce qui déduit le fait que le processus intellectuel qui se déclenche autour du livre importe pour la vulgarisation de la connaissance universelle » (La connaissance certaine nous la réussissons partant de l'opérationnalisation du processus de la connaissance dans le temps et l'espace entre les lecteurs et les écrivains). « La cohérence de l'écriture fait la confiance de l'écrivain » (Plus nous raisonnons pour écrire mieux nous réussissons notre écriture). « L'écriture est seulement une chance lorsqu'elle s'oppose au non-sens, l'écriture n'est pas que mieux elle est bon sens pour qu'elle engendre la suffisance, l'essentiel n'est seulement pas de réfléchir puis d'écrire pour l'écrivain mais mieux savoir comment réfléchir et puis écrire pour réussir » (La réussite de l'écriture est fonction de l'objectivité de l'écrivain). « La faim de l'écriture détermine la fin de l'écrivain : la solution par l'écriture c'est aussi l'une des contributions que propose l'écrivain face aux défis de la vie » (L'écrivain est celui qui a bien confiance à la solution de l'écriture dans la vie). « Autant on écrit pour se détruire autant on lit pour se détruire de l'écriture à la lecture puis de la lecture à l'écriture seulement la droiture dans le mental nous permet d'éviter les turpides de la pensée car si tous les écrits ne sont pas bons pareillement à toutes les lectures c'est que nous nous nuisons dans le sens » (L'écriture et la lecture mal pensées ne nous profitent pas). « La lecture est une ouverture vers l'espoir et une fermeture pour le désespoir une fois réussie » (La lecture certaine n'a pas d'inconvénient pour la promotion de la réussite humaine). « La connaissance de la lecture se conjugue avec l'écriture de la connaissance avant d'écrire nous nous imaginons ce qui déduit le fait que l'écriture est une lecture en avance ainsi l'imagination est une lecture de la réalité avant de passer par la case de l'écriture pour enfin revenir dans le cadre de la lecture cette fois-ci quand elle sera soumise à l'appréciation des lecteurs » (L'écriture a d'abord été une lecture de même elle finira par la lecture). « Celui qui ne s'amuse pas avec l'écriture ne s'amuse également pas avec la lecture car la lecture est le produit de l'écriture » (L'écriture étant le produit de la lecture partant de l'imagination qui précède l'écriture également l'écriture une fois conçue sera exposée à la lecture). « L'écrivain est à la quête éternelle de la certitude dans la mesure où il enseigne tout en apprenant en écrivant en justement interagissant avec autrui cela dit la lecture et l'écriture combinées déterminent en gros l'effort de connaissance humaine traduisant l'école d'apprentissage universelle dans la vie » (La force de l'imagination intellectuelle dans la vie revient à déterminer le rôle éternellement déterminant de l'humain dans le cadre de son autonomisation). « L'écriture qui s'oppose au désordre renforce l'ordre dans la vie tout comme dans l'avis dans la logique où aucune réussite n'est possible sans passer par la dimension de la connaissance dans son espérance certaine » (La quête certaine de la satisfaction est la volonté permanente affichée pour l'écriture gagnante). « La perte de l'écriture traduit pareillement celle de l'écrivain moins l'écrivain est éclairé plus l'écriture est insensée » (L'écriture insensée émane de l'écrivain égaré d'une part). « La qualité de l'écriture détermine la capacité de l'écrivain, mieux nous nous inspirons bien plus nous écrivons certainement à l'encontre de tout manquement » (La réussite de l'écriture ne se passe pas de l'engagement de l'écrivain à donner le meilleur de soi-même). « Partout où l'écriture est une chance c'est que l'écrivain est consciencieux nous écrivons pour construire et non pas pour détruire une fois que nous comptions tirer profit de l'écriture : c'est mal connaitre l'écrit que d'écrire au compte du mal » (L'écrit au compte du mal revient à mal la connaitre). « La volonté de l'écrivain détermine la priorité de l'écriture » (La priorité de l'écriture est fonction de la volonté de l'écrivain). « Nous écrivons en un moment de la vie pendant certaines périodes de notre vie ainsi dans l'impossibilité pour l'humain de ne pas avoir tout le temps pour écrire il doit s'évertuer à bien écrire pour marquer les temps au mieux, bien réussie l'écriture promet l'immortalité de l'écrivain » (L'immortalité de l'écrivain est fonction de la qualité de l'écriture). « Concentrez-vous sur l'écrit soyez précis et bien concis ainsi vous réussirez logiquement à tirer profit de votre engagement intellectuel » (Nous tirons justement profit de notre engagement intellectuel là où nous le soignons en vue de le réussir). « La connaissance de l'écriture conduit généralement à celle de l'écrivain car qui nous sommes se reflète souvent à travers ce dont nous écrivons » (L'écrit de l'humain détermine qui celui-ci est). « La connaissance de l'écriture puis de la lecture n'a autre mesure que celle de la droiture dans la mesure où l'une et l'autre valeur ne s'expriment autrement qu'à partir de la quête de la connaissance elle-même car c'est la connaissance elle-même qui nous éclaire sur sa réalité » (La connaissance de la réalité sur l'écriture et la lecture recommande l'appréciation certaine de l'humain sur la valeur en question). « L'essor de l'écriture profite à celui de la lecture pour promouvoir l'épanouissement général dans la vie » (L'épanouissement de la vie humaine a trait avec la vérité dans son expression sur l'écriture et la lecture). « L'écriture ne peut qu'instruire si elle n'a pas vocation à nuire » (Partant du postulat où l'écriture n'a pas vocation à nuire justement qu'elle soutienne l'épanouissement humain). « Dans la mesure où l'écriture ne se fait pas seule l'écrivain est nettement responsable de ce qu'il pense et écrit la qualité de l'écrit détermine la réalité de la personnalité » (La réalité de la personnalité détermine la qualité de l'écriture d'une part).

MIX
Papier aus verantwortungsvollen Quellen
Paper from responsible sources
FSC® C105338

Printed by Books on Demand GmbH, Norderstedt / Germany